1週間で自分にぴったりの人に

出会って恋して抱きしめられる

かんころ

KADOKAWA

はじめに

「彼氏が欲しい」
「結婚がしたい」
「彼ともっとラブラブになりたい」

この本を手に取ってくださったのは、
きっと「幸せな恋」がしたいと思っている方だと思います。
でも、私にはどうせ無理。そんな風に思っていませんか？
いいえ！　どんな人でも必ず、恋をして幸せになることはできるのです。
あなたはその権利を持って生まれてきました。

幸せな恋をするうえで大事なのは、
「自分にぴったりの人」とお付き合いすること。

そんな人と一緒にいれば、女性はとても幸せな毎日を送れます。

「でも、そんな人、本当にいるの？」

「出会えたとして、どうしたら付き合えるの？」

そう思う方も多いと思います。

「そもそも、出会いがない」と悩んでいる方もいるかもしれません。

でも、心配はありません。

本書では、自分にぴったりの人と出会って、お付き合いをして、末永く幸せでいられる方法についてお伝えしていきます。


わかりやすいように、【7日間】で実践できるステップにまとめました。


タイトルの通り、「1週間で自分にぴったりの人に出会って恋して抱きしめられる」方法です（ちょっと長いので「#恋抱き」と呼んでくださいね！）。

実は、幸せな恋をするのって、とても簡単。

あなたは難しいことにチャレンジしたり、無理に自分を変えたりする必要はないのです。

だって、この世界の主役は、あなたなのだから。
あなたは、そのことに「気づくだけ」で
大丈夫なのです。

そして、この方法を知っていると、恋だけでなく、
仕事も人間関係も、すべてうまくいってしまいます。
ほんの少し考え方を変えるだけで、
なんと、夢まで叶ってしまうのです！

幸せになる準備は、いいですか？

読み終えるころには、彼に「も〜、ほっとけないな〜」って
抱きしめられちゃうけん、気をつけて♡

かんころ

CONTENTS

1週間で自分にぴったりの人に出会って恋して抱きしめられる

1

First day

自分が主役の世界で生きよう♡

2 Second day

世界を「イージーモード」に変えて、「愛されモード」で生きよう♡

3

Third

day

素敵な恋を探しに、出かけよう♡

4

Fourth day

初デートで「また会いたい」と思わせる女になろう♡

5

Fifth day

自分にぴったりの人と付き合おう♡

6
Sixth day

付き合ってからも「心のままに自由な私」でいよう♡

7

Seventh day

彼が離れられない女になろう♡

序章

Prologue

どん底の恋、最幸の恋

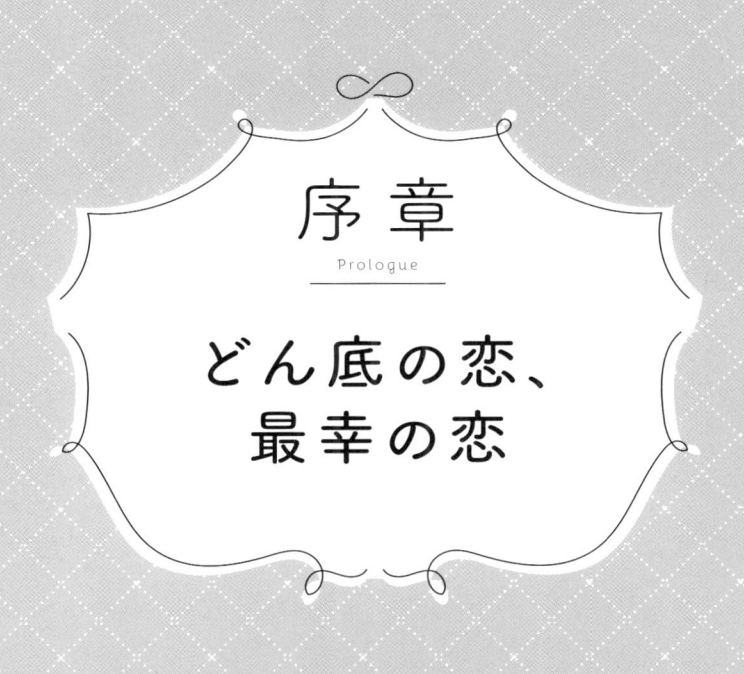

背伸びをしすぎてつらかった恋

今でこそ、ブログやセミナー、オンラインサロンで恋愛のアドバイスをしている私ですが、ずっと幸せな恋ばかりしてきたわけではありません。

ほんの数年前までは、私もうまくいかない恋に悩んでいたのです。

つらいことも山ほどあって、涙で枕を濡らした夜もたくさんありました。

あのころは無理をしていたし、恋も人生も楽しめていなかったなぁと思います。

本編に入る前に、そんな私の「一番つらかった恋のお話」に少しだけお付き合いください。

20代後半のある日、私は仕事を通じて出会った男性と恋に落ちました。

彼は会社の経営者。

年上で、ものすごくお金持ちの「大人の男性」でした。

当時の私にとっては、理想の王子様そのもの！

仕事で何度か会ううちに一緒にご飯に行くようになり、自然とお付き合いが始まりました。

会うたびに新しい話を聞かせてくれて、私が知らない世界のことをたくさん教えてくれた彼。

同じ時間を過ごすごとに、私はどんどん彼のことが好きになっていきました。

でも、お互い仕事が忙しくて、あまり頻繁に会うことはできませんでした。

彼は経営者だし、私もヨガのインストラクターとして、忙しい日々を送っていたのです。

付き合って3カ月。

少しさみしいな、と思い始めていたころ、彼が思わぬセリフを口にしました。

「一緒に住まない？」

彼が借りてくれたのは、福岡の一等地にある高級マンション。私のために、立派なお城を用意してくれたのです。

もう気分はお姫様。

一緒に住めば、彼と毎日会えるし、いい暮らしができる！

私はこれから始まる彼との生活を想像してワクワクしていました。


こうして、夢の同棲生活がスタート……したはずでした。でも、実はこれが不幸の始まりだったのです。


同棲するということは、生活をともにするということ。

結婚も視野に入っていたので、彼は私に「妻」としての役割を求めてきました。妻の役割とは、「家事をしっかりやること」です。

結婚したら当たり前のことかもしれませんが、ぐうたらな私にとってそれを強いられるのは、苦痛でしかありませんでした。

なかでも一番嫌だったのが、毎日のご飯の用意。

しかも、彼は食事に対するこだわりが強く、料理もうまい人だったので、いろいろなことを要求してきました。

Prologue

どん底の恋、
最幸の恋

「一汁三菜を毎食そろえること」「味噌汁はだしから取ること」「魚は一から自分でさばくこと」……。

料理が苦手な私にとっては、どれも無理難題に近いことばかり。

「これがあれば、きみでも上手に作れるでしょ？」と高級な炊飯器や電子レンジも用意してくれましたが、うまく使いこなせないし、説明書を読むのも億劫でした。

それでも、「なんとか彼のお眼鏡にかなう料理を作ろう！」と頑張り始めた私。

でも、料理が好きじゃないから、どうしてもおいしいものが作れないんですよね。魚は焦がしてしまうし、炒め物はベチャベチャになってしまうし、味もしない……。

自分で食べてもおいしいと思えなかったし、彼にも嫌な顔をされました。

「この素材はこういう調理法がいいんだよ」と彼がいちいち解説してくるのにもイライラしました。

「私、なんでこんなまずいものを一生懸命、作っているんだろう？　仕事も忙しくて疲れてるのに……」

もう、毎日がつらくてつらくて、泣きながら料理していたのを思い出します。

でも、同棲した以上は後には引けないし、「いいマンションに住まわせてもらっているんだから、なんとか彼の期待に応えなきゃ」と頑張っていました。

今思うと、ハイクラスな生活を守ることに必死だったのかもしれません。

それから半年ほどは我慢したものの、だんだん彼に対する不満が募っていきました。

「テレビのリモコンが斜めに置いてあるのが気に入らない」「床に髪の毛が落ちてるよ」といちいち注意してくる彼の細かい性格に嫌気がさしました。

他にも「こういうのは宗教っぽいから読まないほうがいい」と、私が好きなスピリチュアル系の本を否定されたり、好きなバラエティー番組を見ていたら「低俗なものよりもＮＨＫの番組を見よう」と言われたり……。

私が好きなものをバカにされ、否定されるたびに傷つきました。

恋心はしだいに薄れていき、料理もだんだん手を抜くようになりました。

しまいにはこっそり百貨店に行って買ってきた、おしゃれなお惣菜を出す始末。もちろん、自分で作ったように見せるため、きちんとお皿に盛り付け直して（笑）。


「もう、無理！　このまま彼といたら病んじゃう！」

ついに我慢の限界に達した私は「手切れ金を払ってでもこの家を出たい！」と思うようになりました。

彼には失礼ですが、このころは「生活だけは保証された彼の奴隷」のような気分になってしまっていたんですね。

家賃が2万円のアパートでもいいから引っ越したい。

毎日カップ麺でもいいから料理をしたくない。

とにかく、この家を一刻も早く出て、自分らしく生きたいと思いました。


こうして彼に別れを告げ、夢の同棲生活は幕を閉じたのです。

なんだか彼がすごく悪い人だったような書き方をしてしまいましたが、そうではないんです。彼は魅力的な人だし、尽くすのが好きな女性にとっては理想の男性だと思います。

ただ、私が自分と合わない相手を選んでしまっただけ。

それなのに、無理をして彼に合わせていたからつらかったのです。

社長でお金持ちの彼が、若かった私にはまぶしく見えました。だから、中身をちゃんと知ろうともせずに同棲を始めてしまった。

今思うと、恋に恋している状態だったのかもしれません。

「これからはもう、本当に好きな人とだけ付き合おう」

「社長じゃなくても、貯金がなくてもいいから、私がただ一緒にいたいと思う、そういう人と恋をしよう」

つらい恋を経て、私はそう心に決めました。

「ぴったりの人」と出会い、私史上「最幸」な恋がスタート♡

そうして待つこと3年。

私はついに、理想の男性とめぐり会いました。

そう、ブログを読んでくださっている方にはおなじみの「くま男くん」です。

くま男くんは、小学校も重ならないくらい年下で、輝かしいキャリアも社会的地位もない普通の男の子。

不安定な職業なので、収入も私のほうが高いくらい。

言ってみれば、同棲していた人とは真逆の男性です。

彼とは仕事を通して出会い、好きなマンガが同じ（私は少年マンガが大好きなのです！）、ということで仲良くなりました。

会うたびにお互いのオススメのマンガを貸し合ったり、好きなマンガが映画化されたら一緒に見に行ったり……。

なんだか高校生みたいなデートを繰り返すうちに、急速に距離が近づいていき、お付き合いすることになりました。

彼と付き合ってからの私は、何一つ無理をしていません。

眠かったら朝は起きないし、一緒にいても昼寝をする。

ソファで寝そべりながらポテトチップスを食べるし、好きなバラエティー番組を見る。料理もしない。

もう好き放題です。

でも、彼は私のそういうダメな部分を受け入れてくれる人。

説教するどころか尊重してくれるんです。

ご飯に行く約束をしていたのに私が寝てしまい、デートをすっぽかしてしまったことがありました。連絡もなくそんなことをされたら、普通は怒りますよね。

でも、彼は普段と変わらない様子で「もう、連絡ないから来ちゃったよ」と家まで来てくれました。

ところが、さらに最悪なことに、私は「なんかキムチ鍋が食べたいな」というワガママを言い残し、またしても寝てしまったのです。

今度こそ、怒られますよね。

でも、私が起きたときには、なんとキムチ鍋ができあがっていたのです。

料理は作ってくれるし、具合が悪いときには看病してくれる。

私が好きなスピリチュアルや自己啓発の世界も否定しないどころか、一緒にセミナーに行ってくれる。

私のブログもおもしろがって読んでくれるし、仕事でよく東京に行くのも嫌がるどころか、「またお土産話聞かせてね〜」と応援してくれる。

もう、最高です。
「くま男くんのことは離さんし、離されんな」
と思います。

仕事やお金、条件なんか関係なく、心から好きだなと思える人。

「私が私のままでいること」を許してくれる人。

そういう人に愛されている今、「私は世界で一番幸せだなぁ」と思います。


「じゃあ、どうしたらそんな『自分にぴったりの人』と出会えるの？」

「そもそも、そんな人いるの？」

「何をしたら、彼に愛してもらえるの？」

気になりますよね？

「あなたにぴったりの人」は必ずいます。
あなたが少し変わるだけで、
そういう人が向こうから寄ってきてくれるのです。

そのためには、何をすればいいのか？

これから、その秘密をたっぷりとお伝えしていきます！

読んだら、恋も夢も叶っちゃうけん、気をつけて♡

1
First
day

自分が
主役の世界で
生きよう♡

「限りある時間」、何に使う？

あなたは今、どんな恋に悩んでいますか？


「別れた彼氏ともう一回付き合うには、どうすればいいですか？」

「私を振った彼をなんとか振り向かせたいです」

「何回かデートしていい感じだったのに、急に連絡が来なくなりました」

「彼氏に浮気されたけど、好きだから別れられません」

よくこんな相談を受けます。


好きな人に振り向いてもらえなかったり、彼氏に大事にしてもらえなかったり。

それでもあきらめられないのは、つらいですよね。

どうすればいいんだろうと悩んでいるうちに、「私は愛される価値がない人間なんだ」「私のことなんか誰も好きになってくれない」「一生幸せな恋なんかできないんだ」なんて思ってしまったりします。

すると、どんどん自分に自信がなくなって仕事でミスをしてしまったり、周りと自分を比べて引け目を感じたり、幸せそうな友だちの話を聞いても喜べなかったり……。

そして、そんな自分をまた責めてしまったりします。

そういう女性たちに、私はこう言ってあげたい。

「みんな、我慢しすぎだよ！」って。

恋がうまくいかないと悩んでいる人の多くは、昔の私と同じように、好きになる人を間違えているんだと思うのです。

つらいという自分の気持ちを無視したまま、無理をし続けている。

幸せに向かって歩けていない状態なのです。

「私なんか」と思いながら生きていると、心だけじゃなく、いつの間にか体までボロボロになってしまいます。お肌が荒れて髪にツヤがなくなったり、便秘になったり、体調が悪くなってしまったり……。

これは体が嫌がっているサイン。

でも、そのことに自分で気づいていない人が多いなぁと思うんです。

半年間も会えていなくて、心も体もボロボロになっているのに、それでも彼じゃなきゃダメなんて。

そんなことはないはずです。

あなたを幸せにしてくれるのは、本当に彼ですか？
その恋の先に、幸せはありますか？

あなたの人生は、他の誰でもなく、あなたのもの。

だから、もっとあなた自身の幸せについて、考えてみてほしいんです。

幸せの舵を取るのはあなた自身

どんな人でも、この世で生きられる時間には限りがあります。

命が永遠なら、「いつかは幸せになれるかもしれない恋」を続けるのもいいでしょう。

でも、明日終わるかもしれないのに、あなたを幸せにしてくれない男性に時間を使い続けるのは、もったいないと思いませんか？

限りある命の時間。

どうせなら、あなたがあなたらしくいられる、幸せな道を歩くことに使いましょう！

「今日の世界も、主役はあなた。」
やりたいことをやっていいし、
やりたくないことはやめていい。

あなたが主役の世界で、あなたが幸せになることだけ、考えちゃいましょう♡

では、あなたはどうなったら幸せなのでしょうか？

幸せな恋をするためにはまず、「自分にとっての幸せとはどんなものなのか？」をきちんと知る必要があります。ここからがこの章の本題です。

【1日目】は、「自分の心が求めているもの」を知る方法についてお伝えしていきたいと思います。


あなたは今、どんな幸せを望んでいますか？

「ずっと片想いしていた人が振り向いてくれる」

「新しい彼氏ができる」

「結婚する」

「子どもを産む」……。

こうなったら幸せだろうなぁと思うことがそれぞれあると思いますが、ここで考えてみてほしいことがあります。


それは、「幸せの場所はどこにあるのか？」ということ。

ちょっと例え話をします。


あなたは仕事帰りに、大好きなカフェに寄ることにしました。

「今日は残業が長引いて疲れたなぁ。部署内の空気もいつもよりピリピリしていたし、もうクタクタ……。糖分補給しなきゃ！」

と、キャラメル・マキアートを注文することにしました。

「お待たせしました。ゆっくり温まっていってくださいね！」

そう言って差し出されたドリンクには、かわいいラテアートが。

店員さんの細やかな心配りにほっこりします。

「おいしい♡　疲れた体に染みる～」

オシャレな空間にいるだけで癒やされるし、上司に怒られたことも忘れられそう！

あなたはカフェでのひと時に、身も心も癒やされ、小さな幸せを感じました。

さて、ここで問題です。このエピソードの中で、「幸せ」は一体どこにあるでしょうか？

①　店員さんの神対応
②　キャラメル・マキアート
③　カフェの空間
④　①〜③のすべて

答えは……そのどれでもなく、

「⑤あなたの中」でした！

ちょっと意地悪な問題の出し方をしてしまいましたが、私が何をお伝えしたかったかというと、

幸せは「ヒト・モノ・コト」、
それ自体にあるのではないということです。

もし「②キャラメル・マキアート」の中に幸せがあるとしたら、２杯飲めば幸せも2倍、３杯飲んだら3倍、ということになります。「③カフェの空間」だとしたら、風邪を引いて熱があるときも、お腹を壊しているときも、カフェに行きさえすればハッ

ピーになれるはず。

でも、そんなわけないですよね。

そう、幸せは「店員さん」「キャラメル・マキアート」「カフェの空間」といった「ヒト・モノ・コト」にあるわけではないのです。

これと同じで、あなたの幸せは「彼氏」「付き合うこと」「結婚」「出産」……それ自体にあるのではありません。

彼氏ができたから、結婚ができたから、妊娠できたから＝幸せとは限りませんし、相手が誰でもいいわけではないのは言うまでもありませんよね。

一番大事なのは、「そのヒト・モノ・コトによって、あなた自身が本当に幸せになれるのか」ということです。

幸せを感じられるのは、あなただけ。

「誰かに（何かに）幸せにしてもらおう」という考えは捨ててしまいましょう。

あなたの幸せの舵を取るのは、あなた自身なのです！

「感覚ファースト」で生きよう

あなたは今、恋愛中に起こるさまざまな出来事に対して、どう感じていますか？
自分の感覚、気持ちをちゃんとわかってあげられているでしょうか？

彼に冷たくされて、まったく幸せじゃないのに相手を想い続けている人は、着心地が悪くて似合ってもいない服を無理して着続けているようなもの。
少し感覚が麻痺してしまっているかもしれません。

恋がうまくいかなくてイライラする。
彼からＬＩＮＥが返ってこなくてさみしい。つらい……。
あなたは、こういう素直な気持ちを、押し殺したり、
無理して笑ったりしていませんか？

そうだとしたら、まずは、つらいとか、悲しいとかマイナスな気持ちを持ってしまう自分を認めて、許してあげてください。

だって、あなたが感じたことに嘘はないのだから。

感覚って反応です。

たとえば、熱湯を触ってしまったら「あちっ！」って叫びたくなりますよね。

それに対して、「なんでお湯が熱い？」「どうして私は熱いと思ってしまったんだろう」と考える人はいないと思います。

そして、熱いお湯には触れないようにしようとか、水を入れて温度を下げようとか、いろいろな対処法を思いつくはずですよね。

でも、なぜか恋愛となると、これができなくなってしまう人が多いんです。

つらい恋を続けるのは、「なんでこのお湯は熱いんだろう？」と思いながら、何度も何度も熱湯に手を突っ込んでは、「あちっ！」と叫んでいるような状況。

不思議ですよね。さみしかったら「さみしい」、つらかったら「つらい」と、自分の気持ちを認めてあげてください。

「なんでこんな人を好きになっちゃったんだろう」「なんであきらめられないんだろう」と自分を責めるのもやめましょう。

好きになってしまったのは、反応だから。

起きてしまったことに対して抗うのは、不毛な戦いなのです。

その気持ちをかき消すことにエネルギーを使うより、「ある」ものとして扱ってあげましょう。

【「好きになっちゃった。でもつらい」に対する対処法】は、

① まずは、自分の感覚を第一に受け入れる。
マイナスな感情でも、ちゃんと味わいきる。

② そのうえで、「じゃあ、この気持ちを持った私は、今どうしたいんだろう？」と考える。

それでも、彼のことが好きだから連絡を待ちたいと思うのか。
この恋はあきらめて他の人を探そうと思うのか。
あなたのシンプルな願いを自分に聞いてみてください。
感覚は操作できなくても、行動や在り方は自分で選ぶことができます。
まずは、もっと自分と会話をしてあなたの心の反応をきちんと汲んであげましょう。

自分の本音がわからないときは……考えるのではなくて、感じる!

「『感覚ファースト』で生きるのが大事なのはわかりました。でも、自分がどうしたいのかがわからないんです」

たまに、こんなご相談をいただくことがあります。

自分の感覚なのにわからない、というのは不思議に思われるかもしれませんが、たとえばこういうことです。

「今、好きな人が二人いて、どっちを選んだらいいのかわかりません」

「彼氏が自分を大事にしてくれないから別れようと思うけど、別れたらもっとさみしくなるのが目に見えています。それでも別れたほうがいいでしょうか？」

人の感覚は麻痺しやすいものです。

とくに現代人は、モノも情報も溢れている刺激の強い社会に生きているので、自分が何を感じているのかが見えにくくなっています。ポテトチップスと、ベビースターラーメンと、キャラメルコーンと、カラムーチョを大量に食べた後に、高級料亭のおだしを飲んでも、味がわからない。それと同じです。

日々の小さなことが見えにくくなっているから、
自分がどう感じているのか、
わからなくなってしまうんです。

たとえば、忙しくて、仕事をしながら、またはスマホを見ながらランチすることが多いから、昨日のお昼に何を食べたのか、どんな材料が使われていて、どんな味がしたのか覚えていないという人はいませんか？　または、せっかくエステに行っているのに、「明日のクライアントへのプレゼンはどうしよう」などと考えごとをしていて、全然気持ちよさを味わえていなかったり。友だちとおしゃべりをしているのに、「明日早起きやん、どうしよう。何時に目覚ましかけよう」と考えていたり。

思い当たる節がある人は、感覚が麻痺している可能性大。

そういう人は、日常生活の中で「心を〝今ここ〟に置いて、感じる」練習をしてみましょう。

まず、ご飯を食べるときは、きちんと味わうこと。

「旬の食材が入っていると、季節感があっていいな」「見た目も鮮やかできれいだな」「これはちょっと、めずらしい食感の野菜だな」「今、咀嚼して液体になって体の中に入っていったな」など、さまざまな感覚を働かせてください。

お風呂に浸かったら「あったかいなぁ」「気持ちいいなぁ」「お湯が今ピチャピチャっ

て音を立てたなぁ」「傷にちょっと染みたなぁ」と感じる。

毎日の生活のなかでも、意識すると、いろいろ感じられることがありますよ。

日常の些細なことを五感で感じられるように意識してみてください。五感で感じられるようになると、自分が何をすれば心地いいと感じるのか、あるいは不快だと感じるのかがわかるようになります。そして、小さな日々のありがたみにも気づけるようになります。

「なんで彼は荷物が重いのに持ってくれないんだろう」と嫌な部分ばかり目についていたのが、「さりげなく車道側を歩いて私を守ってくれてるんだ」と、ちょっとした優しさに気づけるようになったりするのです。


そういう小さな幸せを、ちゃんと受け取ってあげてください。


ここをスルーしていると、恋愛のチャンスも失ってしまいます。

あなたの周りには素敵なことが溢れているのに、それを感じられなかったり、不満ばかり言っているのはもったいない！　幸せをキャッチするアンテナの感度を高めるためにも、日々の輝きを感じられるあなたでいてくださいね♡

迷ったときは、カラダの声を聞いてみよう

自分がどうすべきか決められないとき、あなたは誰を頼りますか？
友だち？　家族？　カウンセラー？　占い師？
もちろん、そういう人たちに相談するのもいいと思います。
きっと、親身になってあなたのことを考えて、アドバイスをくれるでしょう。

でも、誰かに言われた通りに行動したとして、
その結果がうまくいかなかったとき、
あなたは後悔しないでしょうか？

「○○さんの言う通りにやってみたけど、うまくいきませんでした。私は一体これからどうしたらいいでしょうか？」。こんなお悩みをよく見聞きします。

私が姉妹ブロガーとして一緒に活動している美琴ちゃんと話していて、とても驚いたことがありました。

彼女、なんとミカンは外の皮ごと食べる（ただし、無農薬に限る）らしいのです！

「オレンジピールみたいでおいしいよ。皮ごと食べると私は幸せになれるんだ♡」とキラキラした目で力説されたので、私も皮ごと食べてみました。

でも、ゴワゴワして苦いだけだし、お腹の調子も悪くなってしまいました。

中の薄皮も嫌いな私にとっては、合わない食べ方だったのです。

私はプリプリでやわらかいミカンが好きだから、「やっぱりしっかり皮を剥いて食べよう！」と思いました。

みなさんの中には、美琴ちゃんのように皮ごと食べたほうがおいしいと感じる人もいるでしょう。

でも、私のように向いてない人もいる。

そう、感じ方は人それぞれなのです。

好みが合う人もいれば、合わない人もいる。

アドバイスも同じことです。

その人にとってはうまくいく方法かもしれないけれど、それが必ずしも、あなたにとって、ベストとは限らないのです。

自分に合うと思ったらその通りにすればいいし、合わないと思ったら他の方法を試してみたらいい。

誰かの言葉を鵜呑みにするのではなく、あなたに合わせることが大事なのです。

だって、行動するのは、あなた自身だから。

でも、どうしても誰かに相談して、答えをもらいたくなったときは、どうすればいいの？

そんなとき一番に頼ってほしいのは、あなたのカラダです。

カラダは、うれしいときには細胞が喜ぶし、嫌なときは拒否反応を示します。

たとえば、ストレスが溜まると肌にブツブツを作ったり、お腹を壊したりして、あなたが無意識に感じたこともきちんと教えてくれる。

さまざまな方法を駆使して、あなたにサインを送っているのです。

実は、人間のカラダは、アタマよりもずっと賢いんですよ。

だから、ふだんからカラダとコミュニケーションをとりましょう。

食事をするとき、道を歩くとき、お風呂に入るとき、彼と話すとき、カラダがどう感じているか聞いてみるのです。「今日のランチはどんな味？」「その道を踏みしめる感触は？」「お湯が肌に張りつく感覚は？」「彼と一緒にいるときの自分の居心地は？」という風に。カラダは「快」と感じるもの、「不快」と感じるものを正直に教えてくれます。

判断に迷ったら、「快」と感じるほうを選べばいいのです。

カラダは幸せの羅針盤。

つねにコミュニケーションをとって、最強の味方にしてしまいましょう♡

心日記をつけてみよう

物事をシンプルに「快」か「不快」かで判断するためには、「心日記」をつけてみるのもオススメです。

ポイントは、出来事だけではなく、それに対してあなたがどう感じたのか、素直な感情を包み隠さずに一緒に書き出すこと。たとえば、こんな感じです。

①
事実 彼から1カ月間、LINEが返ってこない。
感情 さみしい。他に好きな人でもできたのかなと不安になった。どうしよう。

②
事実 友だちに「結婚っていいよ。あなたも早くしたほうがいい」と言われた。
感情 羨ましい。ムカついた。焦った。
なんで私には彼氏ができないんだろうと悲しくなった。

③
事実 取引先の担当者が変わって、イケメンと会議をした。
感情 キュン♡とした。目が合うたびにドキドキして、テンションが上がった。

書き出してみると、あなたがその出来事に対してどう感じていたのかがわかります。書いてみて初めて、自分が「嫌だと感じていた」ということがわかることもあるんです。

それから、プラスの感情とマイナスの感情を色分けして、マーカーを引いてみましょう。プラスの感情にはピンク、マイナスの感情にはブルーといった具合に。

これで、事実①と②に対しては「不快」だと感じていたことが、視覚的にもはっきりとわかりますよね。

この、あなたが「不快」だと感じている部分をしっかりと見てほしいのです。

自分が「つらい」「不安」だと思っているのに、それを無視して同じことを続けていては、幸せになんかなれないですよね。

まずは、自分のマイナスの感情をしっかりと受け止め、感じきりましょう。

「悔しい、悲しい、クソ～！」という感情を味わい、とことん落ち込めばいいのです。
そうしていくうちに、何が自分にとって本当に必要なのか、やりたいことなのかが判断できるようになります。

あなたの中に、幸せが入るスペースを作ろう

心日記をつけてみると、あなたの幸せを邪魔しているものがはっきりとわかります。

半年間、連絡が取れていない彼や、浮気を繰り返す彼。
何カ月も前に別れたのに忘れられない人。
もうお互いに冷めているのに、だらだらと続いてしまっている関係。
そんな、あなたを幸せにしてくれない恋は、思いきって終わらせてしまいましょう！
「それができないから悩んでいるのに！」というあなた。
自然界の法則をお教えしましょう。

破壊（分解）→創造（再構築）→成熟（調和）

世界は、この3つのエネルギーが循環しながら回っています。

新しいものが生まれるときは、必ずその前に破壊が起きて、世界に新しいものが入るスペースができます。

そう、「破壊」なくして「創造」はありえないのです。

うまくいかない恋を壊したくないからとそのままにしていても、現実は滞ったまま動きません。そこからハッピーエンドに向かって進むことはないのです。

なぜなら、そこには幸せが入るスペースがないから。


「筋トレ」の理論で考えてみると、わかりやすいかもしれません。

強い筋肉を作るためには、まず激しいトレーニングで負荷をかけて、一度今ある筋肉を破壊します。その筋肉が再生（修復）することで、より強い筋肉が生まれるのです。その過程で起こるのが筋肉痛ですね。


恋愛も同じこと。

今よりもっと幸せな恋がしたいと思ったら、まず現状を壊さなければいけません。

「ちゃんと別れを伝える」

「連絡先を消す」など、

「破壊」することから始めてみましょう。

もちろん、筋肉痛が起こるのと同じように、一時的にはさみしくなったり、つらい気持ちになったりするでしょう。でも、今、つらい恋をしているなら、その恋を続けたところであなたはさみしいし、つらいはずです。

だったら、モヤモヤと悩み続けるよりも、不安もあるけど喜びもある「新しい世界」に飛び込んだほうがよくないですか？

最初は怖いかもしれないけど、大丈夫。

この世界はつねに循環しています。


破壊して、スペースが空いたら、必ずそこに新しい幸せが入ってくるんです。

元カレや今の彼が忘れられないなら、「私って、それだけいい男と付き合っていたんだな♡」と思いましょう。

そして、それだけの男と付き合っていたあなたは、まぎれもなくいい女！

いい女には必ずいい男が現れるので、何も心配はいりません。

もし本当に今の彼とご縁があるのなら、どうあがっても、必ずその人とつながります。彼とのご縁を試すくらいの気持ちで、現状をかき回してみましょう！

ちなみにこの法則は、恋愛以外にも当てはまります。

今の仕事が向いていない、あるいは他にやりたいことがあるけれど、勤めている会社は給料がいいし、安定しているから転職に踏み出せない。

この仕事は条件が悪いけど、断ったら次が来ないんじゃないか……。

仕事でも、現状を変えることには不安がつきまといますよね。

でも、勇気を出して一歩踏み出してみたら、今よりもあなたにぴったりの仕事にめぐり会えるかもしれないのです。

私自身、ブログ活動を続けたくて、必死に勉強して取った資格を活かした仕事を辞めました。

「路頭に迷ったらどうしよう」という不安もあったし、周りの人からは「せっかくの資格なのにもったいない！」と言われたりもしました。

でも、今、まったく後悔していません。

資格や立場を守るために、仕事だけでスケジュールを埋めていたら、今のような活動はできていなかったし、読者のみなさんと出会うこともできませんでした。ましてや、夢だった書籍化のお話をいただくこともなかったでしょう。

あのとき仕事を辞める決断をしたからこそ、いくつもの夢を叶えられたのです。

何を失くしても、何を捨てても大丈夫。
だって、あなたはあなたのままだから。

もし不本意に何かを失ってしまったとしても、それはあなたの幸せ規格に合わなくなっただけのこと。そういうときこそ、新しい幸せを手に入れるチャンスだと思いましょう。
必要なのは、ほんのひと握りの勇気だけ。
あなたが住みたい世界を、あなた自身が選んでくださいね。

感情は天気、女は揺れる生き物

「昨日は彼にめちゃくちゃ会いたいと思っていたのに、デート当日になったら急に行きたくなくなってしまいました。私はおかしいんでしょうか？」
「彼の仕事が忙しくて、なかなかＬＩＮＥが返ってきません。彼の事情もわかるから我慢しようと思っていました。でも、今日急にさみしくてどうしようもなくなって、何度も彼にＬＩＮＥを送ってしまいました。私って、面倒くさい女ですよね」

こんなことを言う人がいます。
心日記をつけていると、自分の感情の起伏が激しすぎて不安になることがあるかもしれません。

でも、何もおかしくないですよ！


毎日変わっていいし、揺れていいのです。

だって、そういう生き物だから。

女性は、生理によってホルモンバランスが変わるので、一つの感情に留まること自体が難しいのです。

そんな天気のようにコロコロ変わります。

昨日は快晴だったのに、今日はどしゃ降りの雨になり、その次の日には大雪が降る。

「女心と秋の空」なんてことわざもある通り、女性の心は天気と同じ。

一年間、晴れの日だけが続くなんてありえないように、
毎日、毎日、ポジティブな気持ちだけ持っていられる人なんていません。

それなのに、いつも笑顔でいよう、元気でいようとするのは無理です。

悲しいときは泣き、ムカッときたら怒り、落ち込むときはとことん落ち込む。

そういう自分を許してあげましょう。

でも、マイナスの感情を持つことが悪いと思っている人って、ものすごく多いんですよね。「マイナスの感情を周りに見せるなんて絶対にダメ！」「そんなことしたら嫌われる」とみんな思い込んでしまっています。

もしかしたら、日本の教育も影響しているのかもしれませんね。日本では子どものころから「いつも笑顔でいましょう。人に迷惑をかけてはいけません」と言われて育ちますから。だから、「人前で怒ったり悲しんだりすることは恥ずかしいことだ」「いつもいい子でいなきゃ」という感覚が自然と身についてしまうのかもしれません。

でも、海外に行ってみると、みんな自己主張が強いなぁと思いませんか？　アメリカ人なんかは、どんな人の前でもはっきりと「ＮＯ」を言うし、自分の感情を表現しますよね。

マイナスの感情を持つことは全然おかしくないし、
それを無理に押し殺そうとしなくていいんです。

というか、マイナスの感情をきちんと味わってあげないと、気持ちは回復しません。

雨が降っているのに気づかずに、長時間傘も差さずに外にいたら、風邪を引いてしまいますよね。同じように、自分のマイナスの感情を無視して、悲しんだり怒ったりすることを避け続けていると、感情をこじらせて、ずっと引きずってしまいます。

悲しいときは、悲しい音楽を聴いたり泣ける映画を観たりして、むしろ思いっきり悲しみ、泣いてしまいましょう。

止まない雨がないのと同じように、涙が何日も、何日も出続けることはありません。一度号泣してしまったほうが、心がふわっと浮く瞬間は早く訪れます。

腹黒さは直すんじゃなくて、活かす♡

そして実は、みんなが頑張って隠そうとしている「マイナスの感情」を周りにチラ見せできる人ほど、モテちゃうんです！

「喜怒哀楽をちゃんと出せること」は、モテる人に共通する特徴です。

思いっきり笑ったり、しゅんとしたり、プンプン怒ったり。

この子はモテるなぁと思う人って、表情が豊かだと思いませんか？

表情や印象がコロコロ変わるから、周りは気になって惹きつけられるんですよね。

帰国子女にモテる子が多いのも、感情を出すことに慣れているからじゃないかなぁと思います。

感情を人前で出せる人は、嫌な気持ちになっても、それを小出しにしてその場で消化することができます。怒ったり悲しんだりしても、周りに当たり散らすようなことはしないから嫌われないんですよね。

逆に、マイナスの感情を溜め込んでしまう人は、何かのきっかけで爆発する場合があります。ものすごく嫌味なことを言ったり、大声で怒鳴ったり、突然号泣して周りを困らせてしまったり。急に爆発されると、周りは「この人、いつも笑顔でいるけど、腹の中では何を考えているかわかんないな」と怖がって、距離をおこうとするかもしれません。

これでは、「モテ」から遠ざかってしまいます。

いつも笑顔でいるお人形さんは卒業しちゃいましょう！

「こんなこと思っちゃった私って性格悪い。直さなくちゃ」なんて思わないで。

我慢しないで、人間らしいあなたのままでいればいいのです。

「くっそー、悔しい！」「私、これきらーい」「マジ許せんわ～！」「あー、羨ましい！」

こんな感じで、心の天気を周りに見せちゃいましょう。

小さなことでいいので、毎日揺れる心の本音をさらけ出してみる。

腹黒さは直すんじゃなくて、活かす♡

それができる女性は、最強に悪魔カワイイ女なのです。

万華鏡のようにコロコロ変わる、

人間らしい色を持ち合わせたあなたのことが、みんな大好きですよ♡

2

Second

day

世界を「イージーモード」に
変えて、
「愛されモード」で
生きよう♡

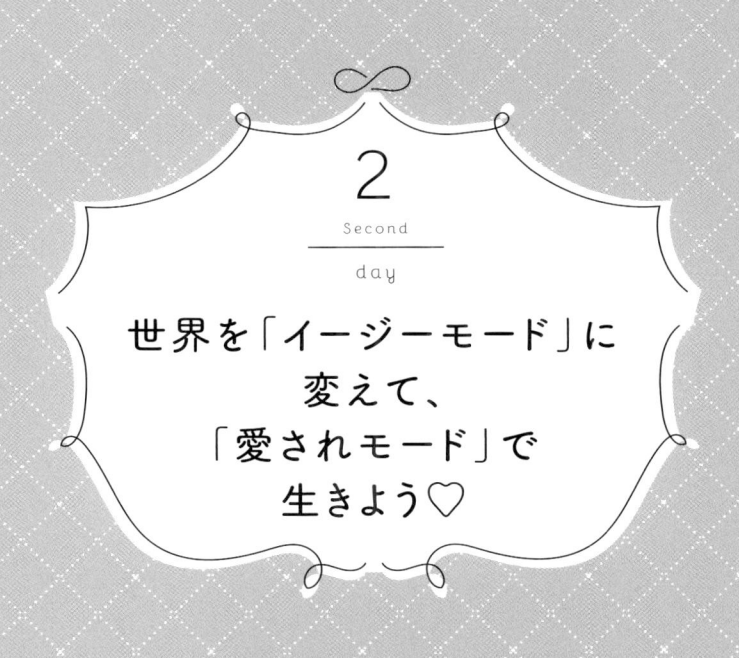

世界を「イージーモード」にしよう

【2日目】は、あなたが自分にぴったりの人と出会うためには、どんな準備をすればいいのか？　というお話をしていきたいと思います。

まず、大前提としてお伝えしておきたいことがあります。

それは、あなたは「誰もが愛されて、なんでもできちゃう世界」に生きているということ。

この世界は、実はあなたにとても優しいのです。

この世に生まれただけで、あなたは幸せな恋も、仕事も、お金も、欲しいものはなんでも手に入れられる権利をすでに持っています。

せっかくそういう世界に生きているのに、難しく考えすぎていませんか？

「この世界のどこかに、私の運命の人が絶対にいるはず！　頑張って探さなきゃ！」

そんな風に考えてしまうと、それはとても難しいことのように思えてしまいます。

砂漠の中でキラッと光る砂粒を見つけようとして心が折れてしまう前に、もっと、簡単に考えてみましょう。

出会いはたくさんあるし、あなたにぴったりの男性は探さなくても、向こうから寄ってきてくれます。


少し見方を変えるだけで、あなたは簡単に幸せな恋ができるようになるのです。


あなた自身が誰かに合わせて変わる必要はありません。

捉え方をほんの少し変えて、世界を「ハードモード」から「イージーモード」に変えればいいのです。


ここからは、世界を「イージーモード」に変える具体的な方法をお話しします。

あなたは生まれながらの「パワースポット」

あなたには、生まれながらの才能があることを知っていますか？

「私は勉強も運動も平均だったたし、会社でも目立たない存在だし、モテたこともないし、才能があるなんて、一度も言われたことがない」

なんて思っているあなた！

いいえ、あなたには

とんでもなく素晴らしい才能があります。

それは、「あなたが幸せでいる」だけで

人を癒やせるという才能。

女性はみんな、生まれながらにしてその才能を持ち合わせているのです。

仕事で大活躍している人、いつも品のいい服を着ている裕福な人、彼氏や旦那様とラブラブな人。そういう人の周りには、いつもたくさんの仲間がいます。SNSでも幸せそうな投稿には「いいね」が集まりやすいですよね。幸せで満たされている人は輝いて見えるし、一緒にいると、こっちまで元気になれそうな気がする。だから、みんな近づきたくなるのでしょう。

そう、幸せな人って「パワースポット」のような存在なのです。

そして、あなたも実は、生まれながらのパワースポット。

あなたは、幸せになるだけで、豊かなモノ・ヒト・コトを引き寄せちゃう才能を持っているのです。

もし今、恋や仕事がうまくいかずにつらい状況にいるのなら、それはあなたが、あなた自身を大切にできていない証拠。「パワースポット」として扱えていないということなのです。パワースポットにゴミが散乱していたり、不良のたまり場になっていたりしたら嫌ですよね。みんなだんだん近寄らなくなり、そこはパワースポットではなくなってしまいます。

せっかくパワースポットとして生まれたのに、その才能を腐らせてしまうなんて、もったいない！

今日から、自分を「パワースポット」として大切に扱うと決めましょう。

では、具体的に、何をすればいいのか？

ただただ、あなたが楽しい、心地いいと感じることをすればいいのです。

エステやお気に入りのカフェに行くでもいいし、趣味のピアノを弾くでもいいし、カラオケに行くでもいい。なんでもいいです。ちなみに私だったら、昼寝をしたり、好きなマンガを読んだり、テレビを見たりします（笑）。そうして好きなことをして、あなたを喜ばせる時間を増やしてあげてください。

すると、不思議なことに、いろいろなことがスルスルとうまくいくようになります。

あなたが幸せそうにしていると、それに引き寄せられるように、あなたを大切にしてくれる人が周りに溢れてきます。そのうえ、なんとお金やチャンスにまで恵まれてしまうんです！あなたの幸せの影響力をなめてはいけません。

誰かが「あの子、最近かわいくなったよね」とどこかで噂してくれたのが、好きな人の耳に入るかもしれないし、充実している様子をSNSに投稿したら、冷たかった彼氏が気になって連絡をくれるかもしれません。思いがけない人があなたを好きになる可能性だってあるのです。返ってこないLINEをいつまでも待ったり、彼氏ができないと悩む暇があったら、好きなことをしてみましょう。楽しい時間を過ごすだけで、いつの間にか幸せが向こうからやってきます。

あなたは生まれながらの「パワースポット」だから。

あなたは、そのことに気づくだけでいいのです。

モテる人は「やりたいことをやる」「やりたくないことはやらない」

【1日目】の章で、「喜怒哀楽が出せる人はモテる」というお話をしました。

これは「好き嫌いがはっきりしている人はモテる」とも言い換えられます。

「怒」や「哀」の感情が出せるというのは、自分が嫌だと思ったら、はっきり「NO」を示せるということ。つまり、自分がやりたくないことはやらないのです。

一見、ワガママに感じますが、
これができる人はモテます。

ずばり、モテる人の最大の特徴は、「やりたいことをやる」「やりたくないことはやらない」です！


好きな人ができると、誰でも「好かれたい！」と思いますよね。

どうしたらもっと好きになってもらえるかと考えて、彼好みの女性になろうとする人も多いでしょう。

彼が好きだと言っていたアーティストの曲を聴いたり、彼の趣味の釣りに付き合ったり、彼のお母さんや上司に気に入られようと努力したり。

あるいは、彼に似合わないと言われたお気に入りの服を捨てたり、ショートカットが好きだと言われて、大事に手入れしてきた髪をばっさりと切ったり。

彼に好かれたい、あるいは嫌われたくない一心で、一生懸命に尽くそうとします。


でも、考えてみてください。

彼のためにそこまで頑張っているあなたを、彼はあなた以上に愛してくれたでしょうか？

大抵の場合、そうはならないと思うんです。

「彼が好きなものには合わせて、嫌いなものは全部捨てました。それなのに、振られてしまいました」と泣きながら相談されたことがあります。

一生懸命、努力したのに、どうしてうまくいかないのか？

それは、「やりたくないこと」を無理にやっていたからです。

好きな服を捨てたり、本当はロングヘアが好きなのにショートカットにしたり、どう考えても無理をしていますよね。

そうやって無理を続けていると、毎日テンションが上がらないし、肌の調子も悪いし、風邪を引くことも多くなって、気づいたときには、身も心もボロボロ状態です。輝きを失ったあなたに、彼も気づきます。

そして、「僕といても幸せそうじゃないね」と去ってしまうのです。

序章でも書きましたが、私も経営者の彼と同棲していたころは、無理ばかりしていました。毎日、嫌いな料理を彼のために必死に作って、彼が嫌いな本やテレビ番組は見ないようにしました。

でも、そうしたからと言って、ほめてもらえるわけではありませんでした。

でも！　今はというと……いっぱい昼寝して、好きなマンガを読んで、嫌いな料理はしない。やりたいことしかやらず、やりたくないことはやっていないのに、彼に愛されちゃってるんです（テヘッ♡）。

「女の子は好きなことをしているときが一番かわいい」。男の人はそう思っています。

ぐうたらしたいなら、ゴローンとお昼寝しちゃえばいい。

料理が苦手なら、おいしいお惣菜を買ってきてもいいし、気になっていたレストランで外食してもいい。

あなたがやりたいことだけをやって、やりたくないことはやらなくていい。

もし好きな人から「○○して。こうなって」と言われても、あなたがやりたくないことなら、はっきり「NO」と言いましょう！

すべてに「YES」の安ウリ子は「非モテガール」です。

あなたが心地いいことだけをして、世界最小の単位である「自分」にモテる。

そうして、みんなから愛される女性になっちゃいましょう♡

コンプレックスを「愛されポイント」に変換する

「私はかわいくないし、胸はないし、学歴もないし……自分に自信が持てません」

こんなお悩みもよく届きます。

うんうん、わかりますよ。

私も料理はできないし、ぐうたらですし、そんな自分がダメなんだと思っていた時期もあります。そして、どんなに完璧に見える人でも、女優さんでも、お金持ちの人でも、みんな何かしらコンプレックスを持っているものです。だって、私たちはロボットではなく、人間なんですから。

少しくらい欠陥があって当たり前。

なれもしない完璧なロボットを目指す必要なんてありません。

それよりも、自分のポンコツな部分にさっさと降参して、それとうまく付き合う方法を考えましょう。

それが自分にぴったりの人を引き寄せる、恋の近道でもあります♡

では、「ポンコツな自分と仲良くなる方法」をお伝えしますね。

まずは、あなたのコンプレックスをノートに書き出してみましょう。

「一重で目が小さい」「貯金がまったくない」「もう3年も彼氏がいない」「仕事でミスばかりしている」「ゲームオタク」……。

外見のことだけじゃなく、人に知られたくないこと、嫌われそうなこと、直したいと思っている性格なども全部書いてみてください。

そして、それができたら、次が大事。

その隣に赤ペンで「～そんな私が愛される♡」と付け足すのです。

たとえば、「一重で目が小さい私が愛される♡」と変換しましょう。

一重の女性のほうが好みという男性もいるし、貯金がなくても相手がお金持ちだったら問題にならないし、ゲームオタクは自分もそうだからむしろうれしい、という男性もいます。そう、あなたがコンプレックスだと感じている部分は、実はあなたの「愛されキュン♡ポイント」。誰かにとってはむしろ「そんなあなただから好き」と思うポイントだったりするのです。

人間らしいポンコツ具合は相手を安心させたり、ほっとけないと思わせる要素でもあります。

仕事ができて近寄りがたい上司がコピー機を詰まらせてたり、うっかりコーヒーをこぼして困っていたら、思わず助けてあげたくなっちゃいますよね。

イケメンなのに字が汚かったり、運動神経が悪いと知ったときも、なんだか親近感が湧きます。それをきっかけに、仲良くなることもあるでしょう。

「人間らしさ」って心の距離を縮めてくれるんです。

かわいくない。胸がない。貯金がない。彼氏がいない。彼に愛されていない……。こんな風に「ない」部分探しに夢中になっていると、「愛されないモード」になってしまって、いい人が寄りつくはずもありません。

そうならないために、コンプレックスを愛されポイントに変換し、「きみっておも

しろいね」「そんなところが好きだよ」と言ってくれる、自分にぴったりな人をぐんぐん引き寄せちゃいましょう♡

「未来日記」で恋も夢も引き寄せる

「自分にぴったりの人」が迷わずに自分に寄ってきてくれるために、「なりたい自分像」をはっきりさせましょう。

あなたは、どんなあなたになりたいですか？
ダメな部分も好きだと言ってくれる彼氏に愛されている自分？
お金持ちの人にプロポーズされて、幸せな家庭を築いている自分？
仕事も恋も収入も、すべて手に入れている自分？

理想の自分になっているところを想像してみてください。
なんだか、ワクワクしてきますよね♪

そのワクワクの気持ちのまま、やりたいこと、なりたい自分像をノートに書いてみましょう。

ここで大事なのは、本当に実現できるかどうかは考えないこと。

「ご飯を作ってくれる彼氏が欲しい」「いつも予約でいっぱいの人気ネイリストになりたい」「心理カウンセラーになりたい」「年収1000万円になりたい」……。

「私がこんなことを望んでいいのかな……」と不安にならずに、本当になりたいと思うあなた、やりたいと思うことを、できるだけ具体的にイメージしてください。

そして、すでに叶ったつもりで、「彼氏ができた」など「過去形」で書くのです。

いわゆる「未来日記」ですね。

やりたいこと、なりたいものがわからないという人は、まず自分がワクワクすることを書くことから始めてみてくださいね。

そうすると、自分の理想像が見えてくると思います。

ちなみに私は、ブログを本格的に始めたころから「ブログが書籍化しました」と未来日記に書いていました。私の本は全国の書店で目立つ位置に置かれて、帯には「話題沸騰！　10万部突破」と書かれている……、そんな風に勝手に想像してワクワクしていました（笑）。

そんな未来日記を毎日見ていると、脳みそが騙されてくれます。

「あぁ、そうか、私って書籍化されるブログを書いているブロガーなんだ」と思い込むようになるんです。

脳って意外と単純なんですよね。

そうして「100万人に読まれていい！ いつ書籍化してもいい！」というスタンスでブログを書き続けました。すると、本当に書籍化のお話をいただけたのです！

まず、自分の夢をすでに叶ったテイでノートに書く。
それから、毎日それを見て自分の脳みそを騙す。

これを、ぜひやってみてください！

「理想の自分」にすでになっているスタンスで生きると、どんどん理想が現実になっていきますよ♡

「ことだま」の力でぜんぶ叶える♡

「ノートに書く必要があるの？　思っているだけじゃだめなの？」

そんな疑問を持つ人もいるかもしれません。

私が「書く」ことをオススメする理由……それは、「ことだまの力」を信じているからです。

思っていることを書いたりしゃべったりすると、それは「言葉」になります。

そうして初めて、自分の思考が他人にも伝わります。

そして、言葉には不思議な力があります。

言葉には「ことだま」があって、それが人の無意識に働きかけるのです。

たとえば、「凛」という言葉が書かれた掛け軸を部屋に掛けておくと、その空間まで凛とした雰囲気になります。なぜかというと、その言葉を日々目にしていると、人は無意識に「そういう部屋にしなきゃ！」と思うからです。

そして掃除を頑張ったり、雰囲気に合わないものは置かないようになります。

朝、家族を見送るとき、「気をつけてね。いってらっしゃい」と言うだけでも、それは「ことだま」となってその人を守ってくれます。

ただの言葉かもしれないけど、本当に魔法みたいに力が働くんです。


そんな誰でも使える簡単な魔法があるのだから、使わないなんて損！

夢を叶えるためにも、この「ことだま」の力を借りちゃいましょう。

あなたの願いを正直に、ノートに書いてください。

書くことに抵抗がある人は、スマホに音声入力するのもいいですよ。

やってみると、思っていたことを吐き出せて、すっきりするという効果もあります！

また、書くときはワクワクした気持ちで書いてください、と先ほどお伝えしましたが、実はここにもちゃんと意味があります。なぜなら、「ことだま」に感情が入ると、必要な情報が入ってきて、夢が叶いやすくなるからです。

「情報」という言葉は、漢字で「感情に報いる」と書きます。

情報は、その人の感情に報いて集まるもの。

そのとき、そのときの感情が、それに関連した情報を連れてきます。

あなたがふだん見聞きしている情報も、実はあなたの感情が連れてきたものなのです。たとえば、不安な気持ちでいるときは、芸能人の離婚や会社の倒産など、暗いニュースが目につきやすくなります。

逆に、「今日彼に告白されそう♪」と思ったら、結婚や妊娠など、幸せなニュースがバンッと目に入ってきたりします。

だから、ワクワクしながら未来日記を書くのが大事。

そうすれば、ワクワクするような情報が集まりやすくなりますよ。

夢をバラして、みんなに叶えてもらう♡

そして、情報は一つのご縁。誰かが連れてきてくれるものです。

テレビやインターネット上の情報であっても、そこには必ず人が介在しています。

だから、ワクワクの気持ちで「ことだまの力」を使っていると、誰かがそういう情報を連れてきてくれて、ご縁がグッと引き寄せられやすくなります。

ここで、夢をさらに叶えやすくする方法をご紹介します。

それは、あなたの夢をみんなにバラすこと！

ノートに書いている時点ですでに「ことだま」ではあるのですが、口に出したり、SNSで不特定多数に向けて発信すると、さらに大きな力になります。

私も、自分の本を出すという夢を、未来日記だけじゃなく、ブログにも書いていました。**そうして夢をバラすと、世界が味方してくれるようになります。**

あなたの周りの人が応援してくれたり、あなたが必要としている情報を連れてきてくれるのです。

起業して成功している人も、会社を上場した人も、たった一人で成果を出せたわけではありません。自分の夢や目標を周囲に語り、周りの人を協力者にして叶えているのです。

だから、あなたも一人で孤独に頑張らなくても大丈夫。

周りの人を信じて、みんなにあなたの夢を叶える手助けをしてもらいましょう。

「彼氏が欲しいなぁ」と話したり、SNSで発信していたら、友だちが紹介してくれるかもしれません。

「じゃあ、俺行こうかな」と立候補してくれる男性が現れるかもしれません。

つらい恋に悩んでいることを相談したら、「そんな男はやめたほうがいいよ。今フリーの男友だちがいるから会ってみる?」と言ってくれる友だちがいるかもしれません。

あなたの感情を込めて言葉にすれば、それは周りの人に届きます。

そして、そこから思わぬ情報が入ってくるようになります。

だから、どんどん夢はバラしてしまいましょう♡

恋を引き寄せる見た目の磨き方

ここまでに紹介した方法を実践すると、あなたの中身は、すでに「愛されモード」。自分にぴったりの人に愛される女性に変化しているはずです。

でも、「はい、わかりました。内面さえしっかり磨いておけばいいのですね！」というあなた、ちょっと待ってくださいね。

恋をするにも、夢を引き寄せるにも、やっぱり見た目は大事。

実は外見って、内面の一番外側なんです。だから、そこまで手抜かりなく充実させちゃいましょう！

「容姿に恵まれていないから私はダメだ」なんてことは決してありません。意識次第でいくらでも、あなたの魅力を最大限に引き出すことができます。

この章の最後に、見た目も「愛されモード」に変える方法をお伝えしていきますね。

方法① SNSのアイコンを「かわいい私」に変える

女性は、誰かに見られるだけで、魅力がぐんと増します。

見られる意識を磨くためにおすすめしたいのは、SNSです。

みなさん、日々さまざまなSNSを使っていると思いますが、アイコンはどんな写真にしていますか？

私は大勢の方からLINEで恋愛相談を送っていただくのですが、その中にある共通点を発見しました。

それは、恋に悩んでいる人のアイコンがみんな、某クマのキャラクターか、イヌの写真だということ。

勝手な統計ですが、なぜか長い相談文を送ってくださる方には大体共通しているのです。それ自体は悪いことではないですが、ちょっともったいないなと思います。

SNSのアイコンは履歴書の写真のようなもの。相手があなたを知る最初の窓口です。それなのに、キャラクターやペットの写真では、あなたの魅力がまったく伝わってきません。

どうせなら、最高にかわいいあなたの写真を撮って、それをアイコンにしましょう！

アイコンがかわいくなれば、出会いのチャンスも増えるし、絶対モテちゃいます♡

アイコンの写真は、自撮りするのもいいですが、究極の一枚を撮りに行く旅に出るのもオススメ。

最高の一枚を撮ろうと思ったら、オシャレな背景にしたいから、かわいい写真が撮れる場所を探したり、メイクや髪型、ファッションにも自然と気合いが入ります。

もう、それだけでモテる女子に近づけてしまいます。

それから、何枚も撮っているうちに、自分はどんな表情をするとかわいく見えるのかがわかってきます。表情の研究にもなるし、自分のかわいい笑顔の写真を見ていると、「私ってかわいいんだ」と自信が持てるようにもなります。

方法② 下着を新調してみる

見られる意識を磨くのに、もう一つオススメの方法があります。

それは「下着を新調する」こと。

長いこと彼氏がいなかったり、逆に彼氏や旦那さんとの生活が長くなると、ついつい、いろいろなことに対して気を抜くようになります。

その象徴が下着じゃないかなと思うのです。

「最近、かわいい下着をつけていない！」という人は、ぜひちょっと高級な下着を売っているお店に行ってみてください。

自分のテンションが上がる下着を選んで身につけると、ちょっといい女になったような気持ちになれます。

お店で試着するだけでもＯＫです。

「あれ、私のボディライン、こんなだったっけ？」「横から見ると、思った以上に厚みがある」など、鏡で自分の下着姿を見てみると、今まで見えていなかった部分に気づきます。

今まで自分磨きをサボっていた自分にカツを入れたい方にはオススメですよ。

方法③ モテるかどうかよりも、心地いいかで選ぶ

「どんなメイクやファッションがモテますか？」と質問されることがあります。

頑張りすぎない、ツヤのある女がモテる

「清楚なお嬢様系や女子アナ風のファッションがモテる」など、男性の好みに合わせた雑誌の特集やウェブの記事もよく目にしますが、一番大事なのは「あなたが好きかどうか」ということ。

好きじゃないことを無理してやっていると、ストレスで肌が荒れて「モテ」から遠ざかってしまいます。

本当はかわいい系が好きだけど、自分は背が高いし、キャラもクール系だから、周りの目が気になって挑戦できないという人は、まずはやりたいことをやってみる。そして、違うなと感じたら、また違う路線を試してみればいいんです。

ミカンの食べ方が人によって違うように、かわいいと感じるものも人それぞれです。

誰かが決めた「モテ」の定義に合わせるよりも、あなたの骨格や体型、雰囲気に合うかどうかで決めましょう。

あなたが好きで心地いいと感じるものが、あなたに似合うもの、ですよ。

ファッションやメイクのお話でもう一つお伝えしたいのが、「頑張りすぎないのが大事」ということ。

私が習っているメイクの先生が言っていたのですが、「メインを決めたら、他はちょっと手抜きするくらいでちょうどいい」そうです。

メイクに気合を入れすぎると、どうしても〝盛りすぎ〟になりがち。

アイメイクもチークもリップも全部濃い「くどすぎる顔」になってしまったり、全身抜け感がない「盛り盛りのファッション」になってしまったりするんですよね。

恋も見た目も、頑張りすぎないくらいがちょうどいい！

肩の力を抜いて、ほどほどの力加減でバランスを取りましょう。

そのためにも、プロの手を借りてみる、というのはオススメ。

メイクの先生にメイクを習ったり、お気に入りの店員さんを見つけて、コーディネートのアドバイスをもらったり。

一人で頑張りすぎず、プロにうまく頼ってくださいね。

それから、欠点を隠しすぎないのも大事です。

メイクでシミを隠そうとしたり、体型カバーを意識しすぎたり。

コンプレックスを隠そうとすると、盛りすぎの原因になります。

私はそばかすが多くて、コンシーラーを厚めに塗ってカバーしていたのですが、そうすると「いかにも塗りました」という肌になってしまうのが悩みでした。

すると、メイクの先生が「気になる部分は隠すのではなく、光で飛ばすといい」と教えてくれました。

レッスンで習った通り、目の下にハイライトを三日月形に入れてみると、コンシーラーを厚く塗らなくても、そばかすが気にならなくなりました。

そして、「ツヤ」は女らしさの象徴。

高い服を着た、肌も髪も「ボロボロの美人」よりも、服も顔も普通だけど、内側から「輝くようなツヤ」のある肌と髪を持つ女性のほうが、圧倒的にモテます。

メイクやファッションで盛るよりも、髪、肌、爪に「ツヤ」がある。

そんな土台から輝く女性を目指しましょう♡

3

Third

day

素敵な恋を探しに、出かけよう♡

男性は「安心の神さま」

さあ、【3日目】はいよいよ、自分にぴったりの男性と出会う段階です。
どうすればそんな男性と出会えるのか、楽しみですね！

その前にまず、「そもそも男性とはどんな存在なのか」について書きたいと思います。

女性は「揺れる生き物」だと、【1日目】で書きました。
周期的に変化していく様はまるで月のよう。
だから女性は「月」のエネルギーを持っているという考え方があります。
一方、男性は生理もないし、どっしりとした大地のように安定している。
どんなときも変わらず輝く「太陽」のようなエネルギーを持っています。
女性よりも筋力や体力があり、狩りをしたり、働いたりすることに長けている男性は、いつもパワフルに月を明るく照らしてくれる太陽のよう。

だから、男性は女性を守ってくれる「安心の神さま」のような存在。

私はそう考えています。


「安心の神さま」は、今日もあなたの周りにたくさんいます。


会社の上司も、コンビニの店員さんも、男性はみんなあなたを守ってくれる存在。

その安心感があるから、私たちは平穏に生きていられるのです。今日もたくさんの神さまに守られているんだ、と思いながら生きていると、あなた自身もとても安心できるはずです。

だから、街でも、電車でも、会社でも、男性を見つけたら「あ、安心の神さま、みーっけ」と思ってください。

安心の神さまだと思いながら男性に接していると、おのずと安心する現実がやってきます。

なぜなら、あなたの顔が優しくなるから。

相手も「あ、この子はいい子だな」と思って、優しく接してくれるのです。

逆に、「男は浮気するもの。女を虐げるもの」など「不安の神さま」と決めつけて接していると、現実もその通りになってしまいます。

思っていることって顔に出るので、相手にも伝わってしまうんですよね。

あなたが「怖い、不安」だと感じた通りの反応が返ってくるのです。

もちろん、あなたがいくら笑顔で接していても、意地悪な人や、つねにプンプンしている人もいます。嫌なことばかり言ってくる上司なんかもいますよね。

そんなときは、「こじらせた神さまがいるんだな」と思えばいいんです。敵だと思うと、それが顔に出て、余計に上司がいじめたくなってしまうので要注意です。

「男性は安心の神さま」と思うと、周りにあなたに優しくしてくれる男性がたくさんいることに気づけるようになりますよ。

「イケメン探しトレーニング」で恋の感度を上げる♡

次に試してほしいのが、「イケメン探しトレーニング」です。

この世界はイケメン、素敵な人で溢れています。

「彼氏がいません」「出会いがありません」という人は、男性を見る意識をちょっと変えてみましょう。


「イケメン探しトレーニング」のコツは、ハードルを下げること。

イケメンの基準が高すぎると、イケメン探しの難易度が上がって、いいなと思う人に出会えなくなってしまいます。

まずは「電車で隣に気持ちよく座れるレベル」の人を見つけることから始めてみましょう。「あ、この人ちょっとカッコいいかも」くらいで大丈夫です。

そこから、「お店で担当されたらテンションが上がる人」→「休憩時間が被ったらウキウキする人」→「カフェで一緒にランチしたい人」→「二人で飲みに行きたい人」→「手をつないでみたい、触れてみたいなぁと思う人」というように、徐々にレベルアップしていくのです。


すると、世の中には意外とイケメンが多いことに気づきます。

宅配便を届けてくれたお兄さん、カフェで隣に座った男性、道ですれ違った人、隣の部署の人……興味を持って見てみると、周りはキュン♡とできる人で溢れています。

私は、エアコンを修理に来てくれたおじさんにもキュン♡としてしまいます（笑）。一生懸命に働いている姿を見ると、リスペクトできてときめいてしまうんですよね。

イケメンって、顔だけではないのです。

あなたが今まで好きになった人が全員、「顔がイケメン」というわけではないはず。何をきっかけに好きになるかはわからないので、もっともっと「好き」のハードルを下げてみましょう。

先日、平日の朝一番の飛行機に乗ったら、私以外の乗客がすべて男性ビジネスマンということがありました。

「私だけ浮いているかな」と少し心細くなりながらふと横を見ると、ビシッとスーツを着た男性が、かわいらしいドーナツを食べ始めたのです。

そのギャップがかわいくて、思わずキュン♡としてしまいました。

パッと見ただけではわからない、その人ならではの「ストーリー（物語）」が見えると、親しみが湧きますよね。

かっちりしたビジネスバッグの中に『週刊少年ジャンプ』が入っていたり、靴下が妙におしゃれだったり、携帯の待ち受け画面が実家のワンちゃんだったり。

そういう一面を知ると、ときめいたり、その人に興味が湧いて「仲良くなれそう」と思ったりします。

「好きな人ができません」「周りに素敵な人がいません」という人は、周りの男性の「ストーリー」を見つけてみるのもオススメです。

目の前の男性はどんなものを持っていますか？　どんなドリンクを飲んでいる？　あなたにどんなあいさつをしてくれましたか？

あなたの興味を少しだけ、周りの人に向けてみてください。

みんなそれぞれの人生の主役を生きています。そんな背景に気づけたら、人間って本当におもしろい、愛のある生き物だと気づくことができますよ。

日々の小さなキュン♡を大切に、どんどん恋の感度を上げていきましょう。

好きな人を作る予定を立てよう

自分にぴったりの人と出会うためには、出会いの場に足を運ぶことも大事。

好きな人を2、3人作るつもりで、週末に予定を入れてみましょう♡

たとえば、テニスサークルやスポーツクラブ、英会話サークル、料理教室に入ってみる。趣味の場を通じてお付き合いに発展するというのはよく聞くお話です。

習い事を始めるだけならハードルも低いですし、お互い興味があることだと話も弾みやすいもの。

私とくま男くんがそうだったように、**共通の趣味を持っている人は自分にぴったりの人である確率がかなり高いです。**

週末は、異性がいる趣味の場に足を運んでみましょう！

趣味がとくにないという場合は、近所のカフェやバーに通ってみるなど、行きつけのお店を作るのもいいと思います。

そして、ちょっと勇気を出して、一人で来ている男性がいたら自分から話しかけてみてください。男性と話す練習にもなりますし、そこで話が弾めば「今度デートしてもらえませんか？」とお誘いを受けることもあるかもしれません。

どうしても無理という人は、まずは店員さんと仲良くなるところから始めてみる。すると、「僕も話がしてみたい」と男性から話しかけてくれるかもしれませんし、店員さんを介して常連の男性と仲良くなれる場合もあるでしょう。

それから、結婚式の二次会や同窓会、合コンや飲み会などのお誘いがあったら、思いきって行ってみましょう♡
大勢の人が集まるイベントは、間違いなく出会いの場です。
とくに結婚式の二次会や同窓会は、昔気になっていた人と久しぶりに再会して、恋愛に発展するパターンがとても多いです。
もともと知り合いなので、合コンのように自分をアピールする必要もないし、一緒にいても楽。でも、最近のことは知らないから、知らない一面にドキドキしたり。

ここでも、自分にぴったりの人と出会える可能性は高いと思います。

そういうイベントや飲み会の予定がないなら、自ら開催してしまうのもアリです。飲み会を口実に、気になる人を誘ってみましょう。

いきなりデートに誘うよりも、ハードルが低くなります。

とにかく大事なのは、「外に出る」ということ。

道を歩いているだけでも、ナンパされるかもしれないし、道を聞かれて男性と話すきっかけが訪れるかもしれません。

素敵な人がいたら、目の前で何かを落として拾ってもらう、なんて古風な手を使ってみるのもいいかもしれません（笑）。

「愛されモード」で心を開いていれば、出会いは街中に溢れているもの。

王子様にめぐり会いに、週末はオシャレをして出かけましょう。

ぴったりの人を引き寄せる「磁石の法則」

では、ただの出会いではなく、相性のよい人との出会いを呼び込むには？

ここで、あなたにぴったりの人を引き寄せられる「磁石の法則」をご紹介します。

法則① 同質の者を引き寄せる＝同志を呼ぶ

磁石がくっつくのは、同じ磁石か金属。消しゴムや紙など、性質が異なるものは引き合いません。

人間も磁石と同じ。**考え方や趣味嗜好、ライフスタイルが似ている、同質の人同士がくっつきやすいのです。**

周りのカップルや夫婦を想像してみてください。

「あの二人、なんか雰囲気が似ているなぁ」と思うこと、ありませんか？

雰囲気はオーラとも言い換えられます。

もともと同質のオーラを持っている同士なので、自然に引き寄せられるのです。


それから、趣味が同じというパターン。

同じアーティストが好きだったことがきっかけで付き合うことになったという話はよく聞きますよね。私とくま男くんにも、マンガ好きという共通の趣味がありました。

では、自分にぴったりの人を引き寄せる秘訣とは？

それは、あなたの性質を相手にお伝えしておくことです！

サークルやイベント、飲み会で、趣味や休日の過ごし方を聞かれたら、あなたの好きなものや趣味をしっかりアピールしておきましょう。

趣味がマニアックだったり、オタクな一面があったりすると、相手に引かれるんじゃないかと不安になりがちですが、そういう部分こそ見せていきましょう。

むしろ、ピンポイントでぴったりの人と出会える可能性が高くなります。

オタク系の男子もたくさんいますし、女子でその話ができるのはポイントが高いと思ってもらえます。

婚活中だったら、プロフィールにくわしく書いておけばいいですね。

マンガや映画が好きだったら、その作品名まで書くのがオススメです。

趣味に限らず、「こういうデートがしてみたい」「結婚したらこんな生活が理想」など、あなたの持っている情報はなるべく公開しておきましょう。

ここで大事なのは、あなたが気になる男性に合わせる必要はないということ。

あくまで自分軸で考えて、あなたが心地いいと感じるものを最初にお伝えしておく。

そうすると、あなたが一緒にいて楽しい、楽だと感じられる人を引き寄せられるのです。

法則② 需要と供給が合致する者同士を引き寄せる＝スキルが真逆の人を呼ぶ

磁石にはS極とN極があり、同じ極同士はくっつきません。

S極にS極をくっつけようとすると、逆に離れてしまいますよね。

実はこの性質は、人間関係にも当てはまります。

カップルになりやすいのは、役割や持っているスキルが真逆の二人。

ワガママな彼女には、なんでも言うことを聞いてくれる彼氏がいたり、家事や育児をすべて一人で完璧にこなすしっかり者の奥さんには、なんにもしない旦那さんがいたりしますよね。

そう、需要と供給が合致する人同士が引き寄せられているのです。

だから、「私は〇〇ができないから彼氏ができない」と心配する必要はありません。

実際、料理が苦手な私には、料理好きのくま男くんという彼氏ができました！

絶対やってはいけないのは、自分をよく見せようとして、〝盛った〟情報を公開してしまうこと。

「結婚するなら料理が得意な女性じゃなきゃ」と思い込んで、本当は料理が苦手なのに、「一汁三菜作ります。魚をさばくのが得意です」なんてプロフィールに書いてしまうと、昔の私のようになってしまいます。

それよりも、「私は本当に不器用で、料理は苦手です。一緒に作ってくれる男性とかいいなぁ。料理好きな人だったら、私、喜んで食べます！」と正直にお伝えするのが正解。

みんなが羨む イケメンと付き合えたとしても、あなたにフィットしていなければ長続きはしません。だから、無理に頑張ったり、自分を誇張しないほうがいいのです。

あなたにぴったりの彼と出会うためにも、「やりたいことをやる」「やりたくないことはやらない」のが大事！

ありのままのあなたを見せましょう。

心の窓を開けて、気軽に誘ってみる

気になる人ができたら、次はご飯に誘ってみましょう。

「いきなり二人きり、しかも自分から誘うなんてハードルが高い！」と思いましたか？

確かに、彼とまだそこまで仲が良いわけでもなかったり、そもそも誰かを誘うこと自体が苦手な人にとっては、少しハードルが高いかもしれません。

「なんて誘えばいいの？　もし断られたら、どうすればいいの!?」と不安に思ってしまう気持ちもわかります。

でも、ここは**もっとゆるっと、気軽に考えてください。**

「今夜、ご飯行こうよ♪」

誘うときは、こんなＬＩＮＥを送るだけで十分！

「私が誘ったらヘンに思われるんじゃないか」「もし断られたら、次に会ったときに気まずい」と思うから誘いにくいんですよね。

でも、誘うのはあなたの自由。友達に連絡するのと同じように、「今日ぽっかり予定が空いて、気が向いたからご飯に行こう」というレベルでいいのです。

ここでちょっとダメな例をご紹介します。

「こんにちは。この前、飲み会でお会いした○○です。

まだまだ暑い日が続いていますが、体調崩したりしていませんか？

私はちょっと風邪を引いたりしちゃったけど、今は元気になりました。

そういえば、前にイタリアンが好きって言っていましたよね？

この前、友だちと行ったお店がすごくおいしかったので、よかったら来月あたり、一緒に行きませんか？　あ、でも忙しかったら返信は不要です。

気温の変化が激しい時期なので、どうぞご自愛くださいませ。」


すごく丁寧だし、相手を気遣っているのはわかるのですが……長いし重い！


こんなLINEが来たら、男性は身構えてしまいます。

それよりも、「お久しぶり♪　突然だけど、今夜ご飯行こうよ♪」と、当日に、サラッと誘ったほうが、相手もずっと乗りやすいです。

もしも「急にどうしたの？」と聞かれたら、「なんとなく♪」と返せばOK。

ご飯に誘うのに、もっともらしい理由なんていりません。

友だちを誘うときに大した理由がないのと同じで、相手の都合ばかり考えて、勝手に遠慮する必要はないのです。

それに、男の人って「なんとなく」という言葉に弱いもの。

用事もないのに必要とされたらうれしいし、気まぐれで、何を考えているのかわからない女の子のことは、なんだか気になってしまうのです。

だから、理由を説明する必要はなし！

聞かれたら「なんとなく、あなたがいい」とサラッと答えられる女性はモテますよ♪


そして、もしうまくいかなくても落ち込まないでくださいね。

「ごめんね」「今日は無理」と言われたら、「りょーかい！」と軽く返しましょう。

誘うのもあなたの自由ならば、断るのもまた彼の自由。

断られたことで勝手に「私、愛されてない劇場」に出演しなくていいのです。

当日誘うのがいい理由は、断られても傷が浅くて済むから、というのもあります。

「予定が入っていたら仕方ないな」とあきらめがつきます。

とにかく、気になる人ができたら、「私はパワースポットだもん！　私とご飯に行けるの、うれしいでしょ♪」と愛されモードで、気軽に誘ってみましょう！

一人に執着しない「余裕のある女」がモテる

ご飯に誘う時点で、気になる人を一人に絞る必要はありません。

全員がご飯に行ってくれるとも限らないので、いろいろな人に連絡しましょう。

サークルのグループＬＩＮＥで気になる人に個別に連絡したり、フェイスブックでつながった高校の同級生にメッセを送ったり、合コンで一回会っただけの人にＬＩＮＥを送ったり。96ページでも言った通り、**好きな人を2、3人作るくらいの気持ちで、気になる人全員に連絡するのです。**「数打ちゃ当たる」ということもあります（笑）。

誰に連絡をしていいか選べなかったら、ＳＮＳで「今夜、一緒に飲んでくれる人、募集中です！」なんて呼びかけてしまうのもいいと思います。

「行きたい！」と何人かコメントを書き込んでくれたら、モテる女性を演出できるし、それが男性たちの競争心に火をつけるかもしれません。

もし誰からも連絡が来なかったとしても、「連絡くれたみなさん、ありがとうございました！」と書き込んでしまえばいいですよね（笑）。
本当かどうかなんてわからないので、大丈夫！ SNSはうまく活用しましょう。

なぜ最初は複数の人とデートするのがいいかというと、一人に執着しない余裕を持つことも大事だからです。

「恋は盲目」という言葉がありますが、最初から「私にはこの人しかいないんだ」と思うと、彼に振り向いてもらうために必死になりすぎてしまいます。
その結果、彼に選ばれたいがあまりどんどん自分を安売りするようになるのです。

自分を安売りする女は、男性になめられてしまうので要注意。

男は女性から必死感が見えると、大事にしようと思わなくなります。

「一途で尽くす女性が大切にされない」というのは皮肉なことですが、事実は事実。
愛人や2番手3番手になりやすいのも、このタイプの女性です。
彼氏がいるのに何人もの男性とデートをするのは問題がありますが、付き合う前なら問題なし。世界を広げれば、選択肢は星の数ほどあります。

男性に「選ばれる側」になるのではなく、あなたが「選ぶ側」になってくださいね。

そして、**男性は1番になりたい生き物。**

多くの男性からアプローチを受けているモテモテの女性に「あなたが一番いい」と選ばれたら、うれしいのです。

だから、「あなたじゃなくてもいいけど」くらいの余裕を持って、いろいろな男性と会ってみましょう！

残念な男ばかりのときは、愛されモードを再インストール！

「気になる男性を見つけるため、いろいろなコミュニティや飲み会に行っています。でも、なんだか会う人会う人、みんな残念なのです。ダサかったり、会話していても冴えない感じだったり、すごくケチだったり……。早く好きな人を作りたいのに、どうすればいいんでしょうか？」

こんなときは、あなた自身がそういう男性を引き寄せている可能性大！

磁石のように同質の人同士が引き合うというお話をしましたが、人は「エネルギー」のレベルが近い人と出会い、結びつきやすいもの。

周りが残念な人ばかりというときは、あなたが今、「不安や怒りといった『不快』の中で生きている」ということかもしれません。

どんよりとしたオーラを発していると、それに引き寄せられて、不快な人が集まってしまうのです。ちょっと自分のエネルギーのチャンネルを見直してみましょう。

私は生まれながらのパワースポット♪
私は素敵な人に愛されちゃうんだよね♫
そんな人と幸せになるのは決まってるんだ！

自分の「愛されモード」を確認して、それを声に出して10回唱えてみてください。

すると、それは「ことだま」となってあなたに力を貸してくれます。

ウキウキのハッピーオーラをまとって、理想の男性を引き寄せていきましょう♡

すでに幸せな人から「幸せオーラ」を分けてもらう

幸せな恋をしたいと思ったら、すでに幸せになっている人たちと一緒の時間を過ごすのもオススメです。

たとえば、仲がいい友だち夫婦やカップルと一緒にご飯に行ってみる。

幸せは聖火リレーのようなもの。願いを叶えたかったら、すでに叶えた人に会って「幸せ」のおすそ分けをしてもらうと、早く叶いやすいのです。

テレビやSNSで、幸せそうなカップルや女性を見るだけでもいいですよ。

とにかくたくさん、幸せのオーラを浴びてください。

逆に、モテない人や現状に不満を持っている人の集まりでは、不幸のオーラが伝染しやすくなってしまいます。「男ってさぁ〜」「本当、いい男いないよね」「世の中、クズな男ばかり」。こんな風にグチを言い合う女子会ばかり開いていると、やっぱりずっとモテないし、新しい出会いもシャットアウトしてしまいます。
「私だけ彼氏を作ったら、抜け駆けしたと思われるかも」「仲間外れにされるかも」と恐れて不幸自慢をしていると、いつまでたっても幸せにはなれません！
勇気を出して、その世界から抜けてみましょう。

そして、恋が始まったら、その幸せオーラを周りに分けてあげればいいのです。
彼氏がいない友だちに気を遣って自分の幸せを隠す人がいますが、遠慮する必要はありません。見せることをケチっていると、あなたの幸せが枯渇してしまいます。

あなたは幸せでいるだけで、周りも癒やされるパワースポット。

あなたが幸せを振りまくほど、周りの人も幸せになれるのです。

4

Fourth

day

初デートで「また会いたい」と思わせる女になろう♡

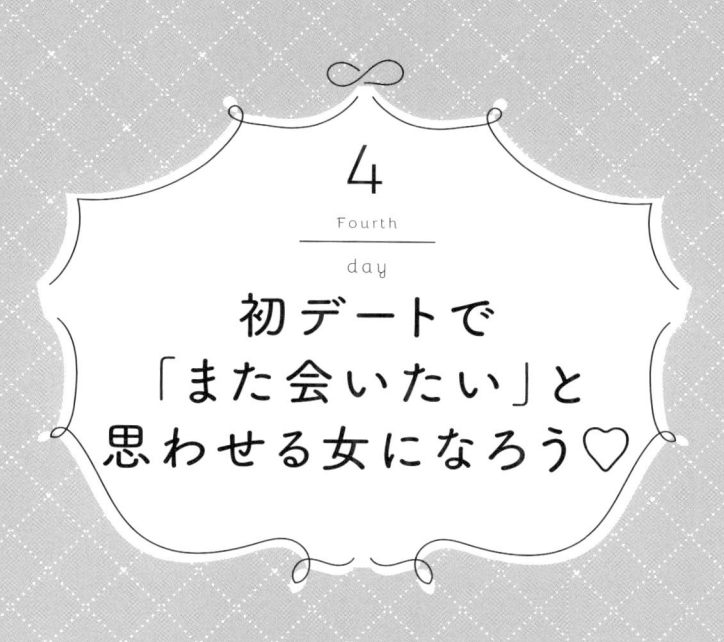

初デートの前にやっておきたい2つのこと

【4日目】のテーマは、【3日目】でお誘いした（お誘いされた）人との初デートです♡

気になる人との初めてのデートはドキドキしますよね。

直前になってどうしよう、と緊張したりもしますが、それも楽しいもの。

最初にお伝えするのは、初デートを成功させるためにやっておきたい２つの準備についてです。

準備① ドキッとする金額をかけて自分をきれいにする

デートが決まったら、まずやってほしいのが、「ちょっとドキッとする金額をかけて自分をきれいにすること」です。

たとえば、待ち合わせ前に美容室に行ってヘアアレンジをしてもらう。

ヘアセットは自分でもできないわけじゃないですが、やっぱり美容師さんにやってもらうと、仕上がりが全然違います。

髪から、男性が好きなサロン帰りのいい香りを漂わせることもできて一石二鳥！

デートまで日にちがあるなら、エステやネイルサロンに行ってみるのもいいですね。

彼にかわいいと思ってもらえるよう、プロの手を借りて「いつもより少しきれいなあなた」になっておきましょう。

そうして、自分を高めるのです。

見た目がきれいになれば自然と自信がつくので、相手に対して不必要に媚びることもなくなります。

もし時間がないときは、駅ビルに入っているお店で「かわいいピアスを買ってつける」くらいでもいいですよ。

ポイントは、ふだんよりも高いお金を自分に使って、女子力を上げること。

別に、大金を使う必要はありません。美容室でのヘアセットは４千円もあればできてしまいます。でも、ふだんはしないですよね。

そういう、非日常的な自分磨きをしてみるのです。

女性は、ちょっとかわいくなるだけでテンションが上がります。

前髪が決まっただけでも、その日一日ご機嫌だったりしますよね。

その「女の子の魔法」を、自分で、自分にかけましょう。

彼に「いつもとなんか違うね。今日かわいいじゃん」と言われたら大成功！

準備② 「愛されモード」再インストール

そして、いつもよりかわいいあなたになったら、デート前の準備2つ目です。

彼に会う直前、できたら待ち合わせの5分前くらいに10回、この言葉を唱えてください。


「あなた、私とデートできて幸せだね♡」


名づけて「あげまんことだま」！

これをデート前に10回唱えることで、あなたの初デートのスタンスを「愛されモード」にしておきましょう。

そうしてハッピーオーラをまとって、見た目も中身もかわいいあなたでデートに臨むのです。

ちなみに、待ち合わせ時間には3分遅れで行くくらいがちょうどいいです。早く行きすぎてドキドキしながら待つのは彼に任せて、あなたはかわいく「お待たせ♡」と言って現れましょう。

会話に困ったら、「小さなお願い」で彼に甘える♡

さあ、いよいよ彼との初デート。ちょっと雰囲気のいいレストランや居酒屋のカウンターで彼とご飯を食べることになったとしましょう。

でも、いざ二人きりになると、いつもと雰囲気が違って緊張してしまうもの。最初は一生懸命に話題を探して会話ができていたとしても、時間が経つにつれ、何を話したらいいのかわからなくなることもあるかもしれません。

せっかくのデートなのに、「途中で話題がなくなって沈黙……」なんてことは、できれば避けたいですよね。

もしデート中、会話に困ったら、「小さなお願い」をしてみましょう。

お願いといっても、難しく考える必要はありません。

メニューを見ながら相手に注文してもらうとか、そんな小さなことでいいのです。「私、ウーロン茶がいいなぁ」と言って、彼に頼んでほしいアピールをしてみる。「トイレ行ってくるから、あなたが食べたいもの頼んでおいて」「サラダ取り分けて〜」と言ってみる。どうでしょう？　このくらいならできそうな気がしませんか？

男性は頼られるとうれしい生き物。

こんなこと言ったらワガママだと思われるかも、なんて心配せずに、どんどんお願いしてみましょう。もちろん、会話に困っていなくてもお願いしてOKですよ。

逆に、テキパキしすぎている女性はモテません。

仕事で接待の場に慣れている人は、居酒屋に入ると「まずは、ビールと枝豆でいいですか？」と率先して注文したり、料理を取り分けたりしてしまいがち。

でも、こういうお母さん的な振る舞いをしてしまうと、男性に女性として見られにくなってしまいます。**ふだんしっかりしている人も、「デート中は、何もできない女の子になる」くらいでちょうどいいのです。**

それから、ちょっと上級編かもしれませんが、「それ何のお酒？　ひと口ちょうだい」と相手が飲んでいる飲み物をおねだりしてみるのもオススメです。**間接キスになるので、ドキドキ感も味わえます♡**

カウンターに横並びで座っていたら、「ねー、あれ見て」と言いながら、さりげなくボディータッチをしてみるのもいいと思います。

あまり相手に勘違いさせないように、ベタベタしすぎず、ソフトに。

いろいろなきっかけを見つけて、彼との距離を近づけることを意識してみるのです。

それでも会話が続かなくなったときは「自分の気持ちをライブ配信する」です！

うまく話せずに沈黙が流れてしまったときは、「緊張してきちゃった」「恥ずかしい」「も〜なんかしゃべってよ♡」と思ったままを伝えるのです。

彼に、ありのままのあなたの感情を見せてあげましょう。

それをきっかけに、「実は俺も緊張してたんだよね」と彼が打ち明けて、二人の距離が縮まるかもしれません。

一番大事なのは、その場をあなたにとって居心地がいい空間にすること。

いつだってありのままの、自然体のあなたでいればいいのです。

ニコニコ笑っているだけのお人形さんよりも、人間らしいあなたのほうが、彼もぐっと魅力を感じるはずですよ。

「予想外の行動」に男は目が離せなくなる♡

人それぞれ、どこかヘンなところがあるのも、人間らしさの一つだと思います。

でも、自分のヘンなところを自覚している人ほど、「デートのときはちゃんとしなくちゃ」とガチガチに緊張してしまいがちです。

そういう「ヘンな部分」も含めて、隠さずに相手に見せてしまいましょう。

なぜなら、ちょっとヘンな、ワケのわからない行動をされると、逆に男性は気になってあなたから目が離せなくなってしまうから。

「こんなことしたら嫌われてしまうかも」「もう次はないかも」と失敗を恐れずに、デート中もありのままのあなたでいましょう。

ご飯をお皿からこぼしたり、服を汚してしまっても、ちょっとくらい酔っちゃっても問題なし！

映画を観に行ったら満席で入れなくて、「違う映画を観ようか」と笑ったり。

二人で一緒に、予想外の失敗さえも楽しめるのも素敵だなぁと思います。

失敗すらイベントにしてしまえば、デートはより思い出深いものになりますね。

それから、**少々あざといですが、意図的に「予想外の行動」をする、という手もあります。**たとえば、まだあまり親しくない関係のときは敬語で話すと思いますが、**会話の中に少しずつタメ語を混ぜていく**のです。

小さなお願いをするときだけ、タメ語にしてみるとか。

すると、急に距離が近くなって男性はドキドキするらしいです♡

ちょっと甘えた感じも演出できますよね。

「名字で呼ぶのをやめて下の名前で呼んでみる」「あだ名をつけてしまう」というのもオススメです。これも意外性があって、相手はドキドキします。

そこまではできない、という人は、話しているときに彼の目をじっと見つめてみましょう。男性は見つめられるだけでもドキドキしてしまいます。

そんなの恥ずかしい！と思いました？でも、それがいいのです。

恥ずかしがっているあなたも、相手にとってはいつもとは違う予想外の姿。

照れたり失敗したりするあなたも魅力的なのです♡

自分のウィークポイントをカミングアウトしよう

初めてのデートをしてみて、相手がまた会いたいと思うような人だったら、早めにあなたがウィークポイントだと思っている部分を見せておきましょう。

そのときに大切なのは、「あっけらかんと言う」こと！

「私、本当はめちゃくちゃ薄い顔なんだよね。よく、すっぴんが別人って言われる～」

「私、隠れデブなんだー」

「すごい機械オンチで、この前も会社のコピー機壊しちゃった（笑）」

こんな感じで、コンプレックスだと思っていることを明るく言うのです。

私も、くま男くんには初デートのときから「私、料理できんちゃん」とカミングアウトしていました。

ここで**申し訳なさそうに言ってしまうと、相手にも短所として伝わってしまうので、あっけらかんと、なんでもないことのように伝えてくださいね。**

たとえ美人じゃなくても、バツ3でも、借金があっても、シングルマザーでも、気にする必要なんかありません。それでも次々と新しい彼氏ができる人はいます。

そういう人はそのこと自体を気にしていないから、罪悪感を持たずにあっけらかんと言える。だから、モテるんですよね。

「私なんて○○だから彼氏ができない」と思っている人は、**自分が「パワースポット」だということを思い出してください。**

大事なのは、あなたが自分をパワースポットとして扱えているかどうかです。

生まれつきの美人ではなくても、きちんとお肌や髪のお手入れをしたり、かわいく見えるメイクを練習したりしている。
いつも機嫌よく、幸せでいる。
そうして自分を大切にしていれば、そこは居心地がいいパワースポットになります。
そんなあなたに魅力を感じる男性が必ずいます。

「また会いたい♡」と思わせるワガママレッスン

ここまで来たら、もう彼はあなたのことが気になって仕方なくなっているはず。
あなたも彼のことが気になっているなら、もっと彼のことを知りたいですよね。
だったら、**初デートのゴールは、彼に「また会いたい」と思わせること！**

そこで効果的なのは、相手にちょっとしたワガママを聞いてもらうことです。
やり方はとっても簡単。先ほどご紹介した、会話に困ったときの「小さなお願い」

を応用すればいいだけです。

①お願いの前に「好きだから」を付ける

先ほどの「小さなお願い」の前に「好きだから」と付けてみましょう。

この部分は実際に口に出して言わなくて大丈夫です。

「(好きだから) ウーロン茶頼んでおいて〜♡」

「(好きだから) サラダ取り分けて〜♡」

こんな風に、お願いの前に心の中で (好きだから) を付け加えると、あなたの表情や言葉が柔らかくなります。そんなあなたを見て、彼も「しょうがないなぁ」とワガママに応えたくなるのです。そもそも、嫌いな人にはお願いごとはしませんよね。面倒なやり取りをするくらいなら、自分でやってしまったほうがよっぽど早い。

でも、あえてお願いするのは「好きだから」あるいは「気になっているから」だと思うのです。その気持ちを少しだけ、彼に見せてあげましょう。

②ワガママを叶えてくれた彼にリアクションする

気になる彼があなたのお願いを叶えてくれたら、うれしいですよね。

そのうれしい気持ちを、まずあなたがきちんと味わって、彼に言葉としてプレゼントしてあげましょう。

嘘をついたり、オーバーに喜んだりする必要はありません。

ただ、あなたが感じた通りの気持ちを素直に表現するのです。

「わ〜、ありがとう！　うれしい♡」というように。

リアクションって相手への興味の表れです。何かをしてもらったら、ちゃんと喜ぶ。

そうすることで、「あなたに興味がありますよ」と暗に伝えることができます。

だから､リアクションが返ってくると相手はうれしいし､「また何かしてあげたいな」「また会いたいな♡」と思うのです。

「また会いたい♡」と言わせるラストパスの出し方

彼が「また会いたい♡」と思っていても、それを口に出してくれなければ、意味がないですよね。

そこで、最後の一押しとなるのが、会話の中で「好き」をたくさん伝える方法。

「私、このお酒好き」「こういう本が好きなんだよね」など、意識的に「好き」という言葉を使うのです。

慣れてきたら、彼に対しても投げてみましょう。

「今日のTシャツかわいいね。私、好き〜」「そういう力持ちなとこ、好き!」

コツは彼そのものではなく、持ち物や服、行動をほめることです。

本人じゃないスレスレのところをほめることで、相手に期待させるのです。いきなり本人に「好き」と言ってしまうと安い女になってしまうので、この絶妙なバランス感が大事です。上手に期待させることがなぜ、大事なのかというと、**男性はプライドが高く、失敗したくない生き物**だから。そのため、「決まるかどうかわからないシュートはできるだけ打ちたくない」「でも、ゴールは自分で決めたい」。そんな風に思っています。

だから、あなたから「好き」の匂わせパスを出してあげて、彼を安心させてあげま

しょう。「よし、決められそう」と思ったら、きっとシュートを打ってくれるはず。

デートの終わりに「次、また会えるかな?」と聞かれる。

デート後にLINEで「また会いたい」と送られてくる。

そんなシュートを彼に決めてもらいましょう♡

5

Fifth

day

自分に
ぴったりの人と
付き合おう♡

5歳児コミュニケーションで迷惑をかけてみよう

【4日目】までに出会った人の中で、付き合いたいなと思う人はいましたか？
気になる彼とは、もっともっと仲良くなりたいし、距離を縮めたいですよね。そして、彼にも自分のことを好きになってほしいと思うでしょう。
でも、どうすればいいの？

【5日目】にご紹介するのは、彼に「もう、ほっとけない！」と思わせる方法です。

何をすればいいのかというと……、
デート中に5歳児になってしまえばいいのです！
私の姉妹ブロガーの美琴ちゃんには5歳の娘さんがいるのですが、私は彼女を見ていると、「モテの天才」だなぁと思うのです。

「これ、おいしい！」「ここはいやー」「あれ欲しい」「ひと口ちょうだい」「まだ帰りたくないー」「ねー、もうちょっと一緒にいてよー」。

一緒にいるとこんなことを言ってくるのですが、かわいすぎて、もう、なんでもしてあげたくなっちゃいます。

この、無邪気なかわいさのある「5歳児コミュニケーション」をデート中に実践してみてほしいのです。

ポイントは、5歳児レベルの語彙力で気持ちを表現すること。

きっと、「おいしい」「楽しい」は誰でも言えると思います。

でも、「これは嫌」とか「あれが欲しい」といった「NOやお願い」を出すことは、大人になると難しくなりますよね。

こんなことを言ったらワガママだと思われる、嫌われるんじゃないかと不安になってしまいます。

でも、いつまでも相手に気を遣って遠慮していると、なかなか距離は縮まりません。

彼にどう思われるかは気にせず、迷惑をかける。

むしろ、「嫌われてもいいや」くらいに考えて、5歳児のように本音を、簡単な言葉で伝えてみましょう。たとえば、彼が予約してくれたお店の料理が口に合わなかったり、嫌いなものだったりしたとき。

「本当に本当にごめんなさい。私、これちょっと苦手で……。せっかく○○くんが予約してくれたから、頑張って全部食べようと思ったんだけど、やっぱり無理かも。残しても大丈夫かな……?」

彼の気持ちを考えながら伝えるとしたら、こんな感じでしょうか。

でも、ここまで申し訳なさそうにされると、相手も「俺、なんかすごく悪いことしちゃった?」と余計に気にしてしまいます。

こんなときは、**「パクチーきらーい! 代わりに食べて♡」「これ苦手~、他の食べよーっと♪」**くらいでOK。あなたが感じたことをシンプルに表現すればいいのです。「もうちょっと一緒にいたい」と思っているときは、そう伝えればいい。

彼に何かしてほしかったら、余計な言葉はつけずにそのまま伝えればいい。

自分を表現するには、5歳児レベルの語彙力があれば十分なのです。

彼との仲を深めたいなら、遠慮はいりません。

恥ずかしがらずにどんどん本音やお願いを伝えて、迷惑をかけちゃいましょう。

実は、「めんどかわいい女」ほど、彼がはまって抜け出せなくなってしまうもの。

「女ってヘンな生き物」と思われたらこっちのものです。

「一生わからせてあげない」くらいの気持ちで、どんどんワケのわからない部分を見せてあげましょう。


迷惑をかけられる関係性っていいですよね。

すごく仲がいい証拠です。

彼とそんな関係が築けるかどうか、彼の気持ちを試してみる意味でも、ぜひ5歳児になったつもりでコミュニケーションをとってみてください。

既読スルーされたら……果報は○○して待て！

何度かデートをして、いい感じになってきた彼。毎日のようにLINEでやり取りをして、「もうすぐ付き合えるかな」と思っていたら急に返事が来なくなった！

こんな経験をしたことがある人も多いと思います。

付き合っていても付き合っていなくても、LINEの返事が来ない問題は深刻。

悩んでいる女性はたくさんいます。

それまで普通にやり取りしていたのに、次のデートに誘ったり、「付き合おう」と送った途端に返ってこなくなったら、ものすごく不安になってしまいますよね。

どのくらい返事を待ったらいいのかもわかりません。

こんなピンチのときは、どうすればいいでしょうか？

まず、既読になったのにすぐに返ってこないからといって、不安になる必要はありません。


相手が忙しい人だったら、すぐに返事ができないこともあります。

予定がわからないからあとで返そうと思っていたり、今は仕事モードでそういうテンションじゃない、という可能性もあります。

私も、「今は友だちと食事中だから、家に帰ってから返そう」と思っていたら、夜遅くなってしまい、「深夜に返すのも悪いから明日にしよう」ということがあります。

仕事が忙しいと、そのまま2〜3日返せなかったり、そのうちにＬＩＮＥが来ていたこと自体を忘れてしまう……なんてことも。

もともと、そんなにＬＩＮＥのやり取りが得意じゃない人もいるし、誰に対しても1週間くらい既読スルーしてしまうという人もいます。

「返信」に対する感覚って人それぞれなのです。

だから、気にしても仕方ない。一人で理由を考えていても解決しません。

こんなときは、「果報は寝て待て」です！

私だったら、テレビを見て、アイスを食べて、寝る。
待つ時間も自分が楽しいことをします。
そう、ここでも「やりたいことをやる」が大事なのです。
あなたがとびきりハッピーに過ごせる「果報は◯◯して待て」を考えてみましょう。
モヤモヤ不安まみれでただ待つよりも、友だちとご飯に行って楽しい時間を過ごす。
そして、その写真をインスタにアップしちゃう。
そんな風に幸せに待っている子のほうがかわいいし、男性から選ばれやすいのです。
もし、急ぎで返事が欲しい場合は、短文でもう一回送りましょう。
ここで気をつけてほしいのが、長々と送らないこと。

「元気にしてる？ 最近、忙しいのかな？ しつこくてごめんね。でも、どうしても気になっちゃって。気を悪くしないでほしいんだけど、よかったらこの前送った◯◯の答え、聞かせてくれる？」

こんなＬＩＮＥが来たら、相手は余計に返しづらくなります。

「ねぇ、なんで返してくれないの？　私のこと嫌いになった？」など、重いのもNG。

もっとシンプルに「明日のデートどうする？」「この前の返事、聞かせて」など、用件だけ送りましょう。

それでも返ってこなかったら、電話しちゃいましょう。

本当に好きだったら、3日後になったとしても何らかの形で返事が来ます。

もし何度電話しても出なかったり、待っても折り返してくれないようなら、それもひとつの返事、ご縁がなかったんだなと思って彼とはさよならしましょう。

相手の都合に合わせすぎず、**「私を大切にしてくれない人には私の時間はあげません」というスタンス**でいてくださいね。

ちなみに、告白の返事をくれないままフェードアウトする男性は、あなたのことを傷つけたくないし、自分も傷つきたくないと思っていることが多いです。

他に好きな人や彼女ができたり、あなたとは付き合えないと思っていても、なかなか伝えるのは難しい。

「傷つけるのがわかっているから言わないでおこう」という余計な優しさだったり、

「責められるのが怖いから、できればフェードアウトしたい」という恐れの気持ちがあったりするのです。はっきり答えを聞けないままでは次に進めない、という場合は、電話でサラッと聞いてしまうのがいいと思います。

「元気？　最近、LINE返ってこんけん、どうしたのかなって心配になっちゃった」

「ああごめん、実は彼女ができて……」

「あーそうだったんだ、残念。お幸せに。じゃ！」

私なら、こんな感じで終わらせます。

なんて書いたらいいかと時間をかけてあれこれ悩むより、勇気を出して明るく聞いちゃいましょう。そのとき、あれこれ聞いてもいいことはないので、深掘りしないのが鉄則です。

ダメならダメで次に行く。彼はあなたを幸せにしてくれる男性じゃなかったというだけなので、落ち込まないでくださいね。

ちなみに、あっさり去って「お幸せに」と言える女性は、もし彼がフリーになったとき、再び声をかけられやすいですよ。

ちゃんと付き合ってくれるか不安なら、「NO」を出す

「LINEでやり取りはしているし、定期的に飲みに行く仲にはなったけど、相手が本気かどうかわからない」

「付き合う前に体を許してしまって、ズルズルと体の関係だけが続いてしまっている」

「私は付き合っているつもりだけど、本命かどうかわからない」

こんなこともありますよね。

ここで大事なのは、きちんと「NO」と言うことです。

あなたが今の彼との関係に不安を感じていたり、嫌だと思っているなら、それをそのまま伝えましょう。

彼があなたを大切に思っているなら、付き合い方を変えてくれるはずです。

それでも中途半端な関係を続けたがる人は、あなたを幸せにしてくれる人ではあり

ません。**ちなみに、私が考えるダメンズの三大条件は「嘘が多い、ケチ、暴力を振るう」**。浮気性の人や、ギャンブル癖、酒癖の悪さが直らない彼も「嘘が多い」に当てはまります。もし、今気になっている人や付き合っている彼がいずれかに該当した場合は、お付き合いを見直すことをおすすめします。

なぜなら、一生直らない可能性が高いからです。

また、「ケチ＝あなたを幸せにすることを惜しむ、明らかに後回しにする」男性も要注意です。

あなたの貴重な時間を彼に捧げるのではなく、もっと自分にぴったりの人を探すことに使いましょう！付き合ってからも「彼にこういう部分を直してほしい」「彼のこういう部分には合わせられない」ということがあったら、ＮＯを伝えることを忘れないでくださいね。

この「ＮＯ」は「あなたと誠実に付き合いたい」という意思表示。愛のカタチの一つなのです。なんだかクレームをつけているようで抵抗を感じる、という人は「ＮＯ」ではなく、「ＮＯＷ」に変えてみてください。あなたの「今」を伝える、と考えればいいのです。

「好き」がわからないときは「お気に入り」かどうかで考える

「気になる人がいるけど、本当に好きなのかわからない」

「付き合った経験がないから、これが『好き』なのかわからない」

こんなご相談をいただくことがあります。


「好き」がわからないという大人女子はけっこう多いです。

あまりに長い間恋愛をしていなくて「好き」という感覚を忘れてしまっていたり、年齢とともに「好き」の意味が変わってきて、自分でもよくわからなくなることだってありますよね。

そんなときは、「好き」のハードルをぐんと下げて、「お気に入り」かどうかを考えてみましょう。

その人と一緒に過ごす時間やその人のことを思い出す時間、彼からのLINEを待つ時間は、あなたのお気に入りになっていますか？

お気に入りのカフェで、お気に入りのドリンクを飲みながら、お気に入りの本を読む。そんなときと同じように、彼との時間があなたにとって居心地がいいものになっているかどうか、自分に聞いてみるのです。

「好き」とか「愛してる」という言葉に当てはめようとすると、「そこまで真剣な気持ちかは自分でもわからない」ということもあると思います。

でも、「お気に入り」かどうかなら、自分の気持ちも判断しやすいでしょう。

「好きかどうかはわからないけど、なんかもうちょっと一緒にいたい」

「離れている時間も、彼のことを考えるとなんか楽しい」

そう思ったら、彼のことが気になっている証拠。

彼と過ごす時間があなたの「お気に入り」になっている＝彼のことが「好き」ということです。

この感覚がつかめるまでは、何度か会ってみるのがいいと思います。

一緒に過ごす時間が増えれば、「あ、やっぱり嫌だな」「この人とはもうちょっと一緒にいたい」など、一緒にいる時間が心地よいか自然と判断できるようになるはず。好きになる人を間違えてしまうと、無駄にエネルギーを使って消耗してしまうので、彼が自分に合っているのか迷ったときは、「本当に私のお気に入り？」と自分に確認してあげてくださいね。

願いの停滞期の過ごし方

気になる彼とうまくいきそうな雰囲気はあるのに、なかなかお付き合いにまで発展しなかったり、プロポーズしてもらえないと、モヤモヤしますよね。

でも実は、**どんな願いでも、叶うまでには必ず停滞期が訪れます。**

たとえば、ダイエットをしていると、ある時期までは順調に体重が落ちていたのに、途中でなかなか落ちなくなることがあります。ずっと下降線というきれいなグラフになることはなく、落ちては停滞し、落ちては停滞し、を繰り返します。

でも、「もう疲れた。やりたくない」と途中でやめてしまうと、目標体重を達成することはできません。

そこを乗りきってこそ、ダイエットが成功するのです。

願いを叶えるのも、同じこと。

叶うまでには、必ずタイムラグがあるものなのです。

停滞期はすごく厄介に感じますが、彼となかなか付き合えないからといって悲観的になる必要はありません。

そんなときは、今は「願いを叶える筋肉が発達している時期」なんだと捉えてみましょう。そしてできれば、これも恋愛の醍醐味の一つだからと、「停滞期プレイ」を楽しんでほしいのです。

少女マンガや恋愛ドラマは、ハッピーエンドに向かうまでの過程を描いているものが多いですよね。誰かを好きになって、キュンキュンしたり、ときには涙を流したり、恋をして主人公がどんどんかわいくなっていったり……。

女の子が必死に恋をする、その行為自体が見ていて楽しいと思います。

あなた自身の恋も同じ。

恋をしている過程を楽しむことを忘れないでほしいのです。

「なかなかクリアできないゲームほどおもしろい」。

どうせならそんな気持ちで「恋愛している今しかできないこと」を楽しみましょう。

恋愛小説を読んだり、恋愛映画を観たりして思いっきり浸る。

恋愛ソングを聞いて、歌詞に共感する。

それをカラオケでものすごく感情移入しながら歌ってみる。

友だちと恋バナを楽しんだり、泣きながら相談して夜を明かしたり、彼とのデートのときに着ていく服や化粧品を買いに行ったりするのもいいですね。

ワクワクの気持ちも、泣きたくなるほど苦しい気持ちも、全力で味わってください。

青春時代はつらいことも楽しいこともたくさんあったけど、どれもいい思い出になっていたりします。それは、そのときそのときを全力で生きていたから。

現在進行形の恋愛も、過去になれば、必ず「あのとき楽しかったな」と振り返ることができます。だから、今しかできない恋を、心の底から楽しめばいいのです♡

「彼のことが好き♡」という気持ちは彼からのギフトです。ぜひ受け取ってください

ね♡

危機感で彼のハートを揺さぶって「狩られる女」になる♡

【5日目】のゴールは、「自分にぴったりの人と付き合う」こと。

できたら、彼から告白してほしいものです。

そのためには、【4日目】の「『また会いたい♡』と思わせるワガママレッスン」（124ページ）や「『また会いたい♡』と言わせるラストパスの出し方」（126ページ）でご紹介した方法を、2回目、3回目のデートでも実践していくのが有効です。

それでもなかなか彼が「付き合おう」と言ってくれないときは、ちょっと危機感を演出してみましょう。

演出① なかなか会えない女になる

いつも予定がない暇な女性になってしまうと、男性は「いつでも会えるからいいか」と安心しきってしまいます。

一方、なかなか会えない女性のことは追いかけたくなります。

年中無休のチェーン店よりも、予約が取れないレストランのほうが行ってみたくなるのと同じですね。

「次のデートはいつにする？」と聞かれたら、「来週はもう○日しか空いてないや～」と返しましょう。

もし予定がなかったとしても、候補日は絞ってお伝えするのがオススメです。

理想は、「自分を幸せにするのに忙しい女になっておく」こと。

「その日は習い事がある」「エステに行く予定」「友だちからご飯に誘われている」。

こんな風に、毎日が自分の好きなことで充実している女性は魅力的です。

できたらパワースポット活動をして、本当に毎日が忙しい女になりましょう。

そうして、あなたに会うことの価値を上げておくのです。

男性は、希少価値の高い女ほど欲しくなりますよ。

演出② 他の男の影をチラつかせる

男性がもっとも危機感を抱くのは、「もしかしたら、他にも男がいる？」と感じたときです。

こんな話があります。

SNSで「彼氏ができました」「結婚が決まりました」と投稿すると、何人かの元カレから「もう一回会いたい」とか「やり直したい」という連絡が来て、その瞬間が人生で一番モテるというのです。

「逃した魚は大きい」ではないですが、他の人に取られてみて初めて、その価値に気づくという男性は多いんですよね。この習性を利用してみましょう♡

たとえば、彼に違う男性宛てのLINEを送ってみる。

「○○くん、今日はありがとう！　すごく楽しかった。また会おうね」なんて、自分以外の男性の名前が入ったLINEが届いたら、彼は焦ります。

「どういうこと？」と聞かれたら、「ごめん、間違って送っちゃったー」とだけ返せばOK。

それから、SNSに「誰かと一緒風の写真」を投稿するのもオススメ。

「旅行に来たよ！」「おいしいイタリアンを食べました」という投稿にあなたが一人で写っている写真があったら、「これ、誰が撮ったんだろう？」と気になります。

男性とのツーショット写真を投稿してしまってもいいですね。

そうして男に不自由していない感じを出すと、彼のハートが揺さぶられるのです。

好きな人を2、3人作っておくとよいと言ったのには、こういう理由もあります。


男性は他の男の影を感じると、危機感を感じる生き物。

この習性をうまく利用して「狩られる女」になっちゃいましょう♡

6

Sixth

day

付き合ってからも「心のままに自由な私」でいよう♡

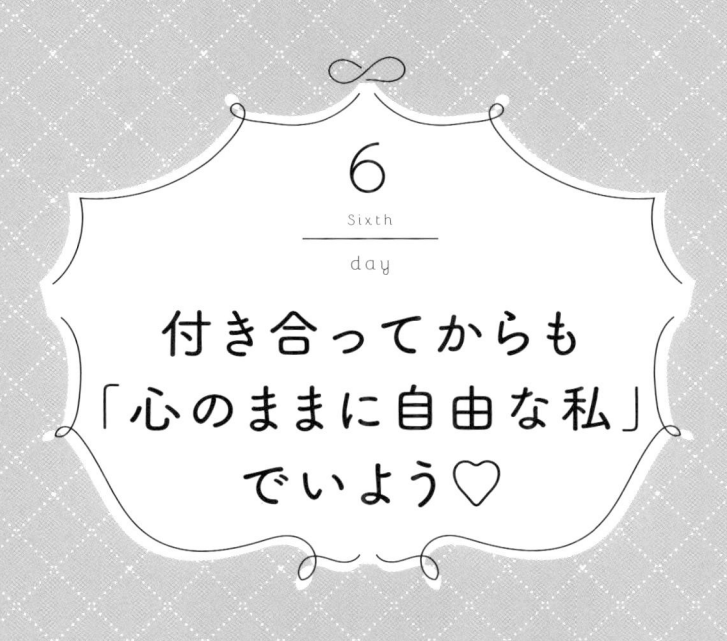

#「男子は勇者」「女子はお姫さま」

さあ、いよいよ自分にぴったりの人とのお付き合いがスタートしました！

彼氏ができると毎日が楽しくて、ワクワクの連続ですよね。

できるだけ長く彼と一緒にいたい、結婚したいと思うようになるかもしれません。

そのためには、どんな付き合い方をしていけばいいでしょうか？

【6日目】にお伝えするのは、彼とのお付き合いを、あなたにとって幸せなまま長続きさせる方法です。

まず、押さえておきたい基本スタンスは、「男子は勇者、女子はお姫さま」。

お付き合いが始まったら、このスタンスを意識していきましょう。

男性はみんなプライドが高くて、ヒーロー願望がある。誇り高き「勇者」のような性質を持っています。

そして、お姫さまがピンチのときには助けてあげたいと思うもの。

問題解決能力も高いし、助けることでどんどん自分のレベルもアップしていきます。

だから、女性は勇者の力を信じて、頼って守ってもらう「お姫さま」のような存在でいればいいのです。

このスタンスでいれば、お互いの需要と供給が一致して、最強のカップルになれますよ。


けれども、こんなお悩み相談をいただくことがあります。

「最初は優しくてなんでもしてくれた彼だけど、時間が経つにつれて何もしてくれなくなりました。もう私のことは好きじゃないのかな」

付き合いが長くなると、だんだん二人の関係性も変化していきます。

でも、大好きな彼とは最初のラブラブ状態をずっと続けたいですよね。そのためには、どうすればいいでしょうか？

答えは、彼を「勇者として育てる」！ あなたが彼を勇者にすればいいのです。

勇者を育てるメソッド

あなたの彼を勇者にする方法をご紹介します。

と言っても、基本は【4日目】でご紹介した「『また会いたい♡』と思わせるワガママレッスン」（124ページ）と同じ。

上手にワガママを使うことで、彼を勇者に育てていくのです。

ポイントは次の3つ。これは、結婚してからも使える永久保存版のメソッドですよ！

①小さなお願いで、頼る

男性は女性から頼られたい生き物。

彼女に必要とされたらうれしいし、お願いに応えることで喜びを感じます。

だから、どんどんお願いして、頼って、彼に勇者として活躍する機会を作ってあげましょう。「お茶を入れて」「荷物持って」「迎えに来て」など、最初は小さなお願いから始めてみてください。簡単なお願いなら彼もクリアしやすいし、「これくらいなら、またやってあげようかな」という気になります。

小さなお願いを小出しにして、彼の勇者レベルを日々上げていきましょう。

②流さず感動して、ほめる

彼がお願いに応えてくれたら、盛大に喜んで、ほめてあげましょう。

ポイントは、演技をするのではなく、心から感動すること。思ってもいない形だけの感謝は、相手に伝わります。「ありがとう！ すごい」と心からの賛辞を彼に贈ってあげてください。

「してもらうばっかりじゃ悪いから私も何か返さなきゃ」と思う人がいるかもしれませんが、**「感動してほめてあげること」が彼にとっては何よりのお返しになります。**

すると、彼も「また頼られちゃったよ、てへ」とうれしくなるのです。

頼って、ほめてを繰り返しながら、「やっぱり、お姫さまには俺がいないとダメだな」と思わせる。

そうすることで、彼の勇者としての自覚を育てていきましょう。

③ 彼の力を信じて「大丈夫」と言ってあげる

そして、一番大事なのが、彼の「勇者としての力を絶対的に信頼してあげる」ことです。

たとえば、彼から「仕事が大変」「もう疲れた」というLINEが来たとします。

ここで「大丈夫？」と送ってしまうと、彼を信頼していないことになってしまうので注意しましょう。あなたの「大丈夫？」は、「ほら、やっぱりあなたは弱い人」に変換されてしまうからです。実は、男性が「疲れた」と伝えてくるときは、「俺、すごいでしょ」というアピールだったりします。「疲れた＝すごいでしょ」なんて、女性には理解不能ですよね。男心って難しいものです。

では、こういうとき、女性はなんと返事をすればよいのでしょう。

正解は、**「あなただから大丈夫！」**です。

大事なのは、あなたという女神が彼を信頼するということ。

「あなたなら大丈夫！　私がほれた男だもん！　どうにかなるよ♪」というスタンスで彼女側がドーンと構えておきましょう。病気や災害時などイレギュラーなときは心配してもいいですが、ふだんから「大丈夫？」と言いすぎると、彼の勇者パワーを信じていないことになってしまいます。「彼には敵は倒せない」と言っているようなものなのです。

男性は勇者だから、どんなピンチも乗り越えられます。だから、誰よりもあなたが彼の力を信じてあげましょう。

「くま男くん、最高！」「くま男くん、天才！」「くま男くんだから大丈夫！」。私はこれを毎日のように言っています（笑）。一番効果的だと思ったのは、「はー、やっぱり天才だったかー」「さすがだなぁ〜！」と独り言のように言うこと。

直接ほめるのもいいのですが、たまに聞こえるか聞こえないかくらいのところでほめると、彼は耳がピクッと反応して密かに喜ぶはずです♡

彼を勇者に育てさえすれば、あとは勝手に頑張ってくれます。

これで喜んでくれたから、次はこれをしてみようかな、と自発的に考えてくれるようになるのです。お願いを重ねていくうちに稼いでくれるようになったり、何かと助けてくれたり。

本当に助かっちゃいますよ♡

遊ぶように彼の心に住んじゃおう♡

彼氏ができたら、ぜひやってみてほしい遊びがあります。

それは「私の好きなところを3つ述べよ」ゲーム。

「ねぇねぇ、私のどこが好きー？」と聞いて、彼に好きなところを3つ答えてもらうのです。するとあなたのことを考えながら、彼ならではの「好きポイント」を教えてくれるはずです。ある女性は、「1かわいい　2かわいい　3かわいい」と言われたそうです。こんなことを言われたら、うれしすぎますよね。

私がくま男くんに聞いてみたところ、「面白い、やんちゃ、面倒くさい」と言われました。本当は「かわいい」という答えを期待していたのですが、まあ、これはこれで面白いし、ブログのネタにもなるからいいかと、寝起きだったにもかかわらず、二人でゲラゲラ笑いました。本当に楽しいので、世界中のカップルにやってみてほしい！

なにより、このゲームのよいところは、彼の世界に、あなたが存在する時間を作れるところです。

彼があなたのことを考える時間をちょっと強制的に作って、しかも好きなところ、いいところだけを探してもらうのです。

だから、彼がまともな答えを出さなくても、そこはご愛嬌。

恋愛って、遊びの延長にあると私は思っています。

二人で楽しむことを忘れずに、遊ぶように彼の心に住んじゃいましょう♡

ほめて、ほめられて、幸せな関係になる

彼に好きなところを3つ教えてもらったら、さらにそこから「ほめ誘導」しちゃいましょう。**「かわいい」と言われたら「どういうところがかわいい？」と聞いて、ほめられポイントを自ら作りにいくのです。**これまで「彼をほめてあげましょう」というお話ばかりしてきましたが、理想は「ほめて、ほめられる」関係。あなたも彼にた

くさんほめてもらいたいですよね。

たまに、「何をしてあげても彼が全然ほめてくれません」というご相談をいただくことがありますが、あなたは彼に「ほめて」と伝えたことはありますか？

おそらく、ほめてもらえないのは、あなたが「ほめてほしい」と思っていることに彼が気づいていないからです。

彼にいっぱいほめてもらうコツは、ただ一つ。

「すごいでしょー？　ほめて、ほめて！」とストレートに言うことです。

私なんか、毎晩のようにくま男くんに言っています。

頑張って書いたブログをほめてほしいときは、「すごかろー、面白かろー。この記事、ここにめっちゃ時間かかったちゃん」と子どものようにわかりやすくアピールします。

そして、彼が「面白い」と言ってくれたら、すかさず「どこで笑った〜？」「このイラスト、かわいくない？」なんて聞いちゃう。

はい、めちゃくちゃ誘導してます！

でも、こうして伝えると、彼はあなたに興味を持ってくれるし、ちゃんとほめてくれるのです。
だから、遠慮せずに誘導して、彼にたくさん、ほめられちゃいましょう♡
そして、ほめてもらえたら「わーい！」と5歳児のように素直に喜ぶ。
あなたの喜ぶ顔を見たら、彼も幸せを感じて「また喜ばせたいな」と思ってくれますよ。ほめて、ほめられて、幸せな関係を築いてくださいね！

自分のトリセツを作ろう

付き合っていると、些細なことから誤解が生まれてケンカになってしまうことがあります。「もう、なんでわかってくれないの？」と、彼に対してイライラしたりしますよね。

でも、**男性は「勇者」ではありますが「エスパー」ではありません。**

あなたに彼の心の中が見えないのと同じように、彼もあなたのすべてがわかるわけではないのです。彼とつまらないケンカをしないためには、彼にあなたの取り扱い方を知っておいてもらいましょう。最近、結婚式で新婦が自分の「トリセツ」を新郎に送るのが流行っていますよね。それと同じ要領で、**あなたの「トリセツ」を作ってみるのです。**

トリセツ① お昼寝をしないと、もれなくイライラします

集中力の低下、雰囲気の悪化、同じことを何度も聞く、などの状況が想定され、不快指数が高くなり大変非効率です。

そのため、休む時間を作ることを強く推奨します。

ロングタイムの昼寝、どこかに座って少し休む、電車では寝かせるなど、そのときの気分や状況に合わせて柔軟に対応していただければ助かります。

そうすることにより、またゴキゲンに戻ります。

こんな感じで、あなたの仕様や特徴を書いて、彼に教えてあげるのです。

「私の喜ばせ方」や「好み」なども書いておくといいと思います。

たとえば、「誕生日には花束をもらうと喜びます」など、事前にお知らせしておけば、彼からダサいアクセサリーや大きなぬいぐるみをもらってリアクションに困る、という悲劇も避けられます。逆にサプライズが好きな人は、そう書いておけばいいですね。

できたら、彼にも自分の「トリセツ」を作ってもらって、交換してみましょう。

二人の取扱説明書を作るときのポイントは、お互いの機嫌がいいときに一緒に作ること。彼がイライラしているときにお願いしても作ってくれないでしょうから、二人の機嫌がいいときに、「仲良しイベント」として作るのがオススメです。

欲しいものや好みは時間とともに変わっていくので、数カ月に1回、年に1回など定期的にアップデートするといいと思います。そうすることで、より二人にフィットしたものになり、お互いをより深く理解できるようになります。

そして、実はトリセツを作る一番のメリットは、あなた自身が楽になれることなんです。自分のことなのに、自分でもよくわからないことってありますよね。

だから、体調が悪いのに、無理をして症状を悪化させてしまうこともあります。

でも、事前に自分の体質や性格を考えながら、「具合が悪くても無理をしがちです。なんとなく本調子ではないときは、残業や遊びは断りましょう」といった説明書を作っておけば、「そうだった。そうしよう」と思えます。

自分で自分の取り扱い方が把握できるようになると、ぐんと生きやすくなりますよ。

「NO＋お願い」を恋のスパイスにしよう

【彼に理解してもらえないときの対処法】をもう一つ、ご紹介します。

たとえば、生理中で、お腹が痛くてつらいのに、彼が優しくしてくれないとき。

先ほども書いた通り、あなたが生理痛で苦しんでいても、彼はエスパーじゃないのでわかりません。彼が面倒くさそうに見えたとしたら、それは、彼にあなたの情報が不足しているせいかもしれません。

ここで「男にはこのつらさはわからないよ」と言ってしまうと、「あなたには人を認める力がない。理解力がないのよ」と伝えているのと同じになってしまうので、そんなときは、彼に次の2つのポイントを伝えてあげましょう。

① あなたがどう感じていて（現状）
② どうしてほしいのか（オファー）

「今お腹が痛くてつらいから、優しくしてほしいな」と自分の今の状況と、どうしてほしいかを具体的に伝えてあげればいいのです。

彼の態度に傷ついたときも「私はそれ、悲しいよ」「そんなこと言われたら、拗《す》ねるよ」など、自分の感情を主役にして気持ちを伝えたうえで、どうしてほしいのかを教えてあげましょう。

あなたの「NO」や「NOW」に「彼へのお願い」を足して、解決方法を提示してあげるのです。そうすると彼も、**自分が何をすればよいかがはっきりしているので安心なうえに、勇者として活躍できる機会までもらえて一石二鳥！**

彼はあなたを幸せにしたい生き物だということを忘れずに、どんどん頼って彼に活躍のステージをあげましょう。

「お願い」の素敵なところは、強制じゃないこと。命令ではないので、彼にも選ぶ権利があります。毎回は応えてくれなくても落ち込まずに、お互いに居心地がいい関係を築いていきましょう。私も勝率は5割程度ですよ（笑）。

そして、お願いは「マンネリ防止」にもなります。

彼に合わせてなんでもやってあげるママになってしまうと、だんだんときめきが薄れていきます。適度なおねだりがないと、マンネリ化しやすいのです。

彼との関係に新鮮さがなくなり、「刺激がない」「彼の態度が優しくない」と感じたら、おねだり不足だと思って、彼にどんどんお願いしてみましょう。ちょっとワガママなくらいが女性らしいし、そんなあなたのことが彼も気になってしまうのです。**付き合ってからも「心のままに自由なあなたでいること」。これが、お付き合いを長く続ける秘訣**でもあります。

ちなみに私は「な・で・し・こ」と覚えて日々実践しています。

「な」＝流さず、感動！　ほめる
「で」＝できないことは頼る
「し」＝幸せである
「こ」＝心のままに生きる
彼との関係に迷ったら、
これを思い出してくださいね！

7

Seventh

day

彼が離れられない女になろう♡

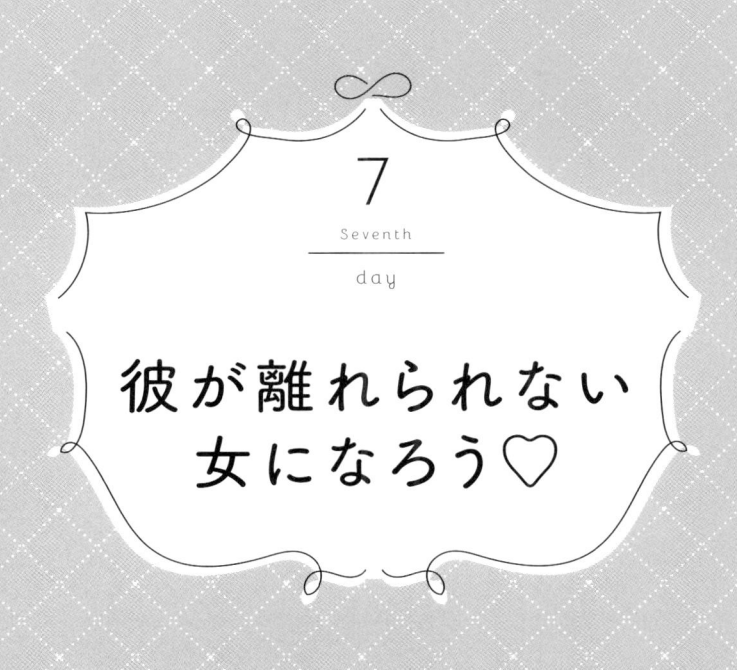

恋は二人の参加型でいこう

いよいよ【7日目】になりました。

最後にお伝えするのは、あなたにぴったりの彼を「もうあなたから離れられない状態」にする方法です！

ここまで散々、「彼に迷惑をかけましょう」「お願いをして頼りましょう」というお話をしてきましたが、**末永くお付き合いを続けたいならば、迷惑はかけて、かけられる関係が理想です。**

あなたにできないことがあるのと同じように、彼にも苦手なことはあります。

そんな彼のダメな部分も受け入れてあげましょう。

私のパートナーのくま男くんは、ゴミをゴミ箱に捨ててくれません。

食べ終わったお菓子の袋や空になったペットボトルを、いつまでもテーブルの上に放置しているのです。最初はイライラして注意していたのですが、何度言っても直りませんでした。

でも、最近は「お互い様だな」と思うようになりました。

私も「10時には絶対に家を出ようね」と約束していたのに、メイクが終わらなくて「ごめん、あと30分待って」と言うことがよくあります。何度言われても直せません。

そう、誰にでも「言っても直らないクセ」ってあるのです。

そして、一緒にいる時間が長くなればなるほど、お互いの粗《あら》が目立つようになります。

でも、それでいいのです。

ちゃんと相手の前で失敗できるということが、お互いの安心につながるからです。

だから、あなたも彼も心のままに生きて、二人とも居心地のいい関係を作っていけばいいのです。

それから、あなたができないことは彼もできないこと、ということもあります。

たとえば､同棲しているカップルや夫婦にありがちな「どっちが家事をやるか問題」。お互い仕事が忙しいと、相手が家事をやってくれない不満から、ケンカになってしまうことはよくありますよね。

そんなときはまず、彼に「私、今週本当に忙しくて掃除と片づけができないの。助けてー」と頼ってみましょう。**現状とオファーを伝えるのです。**

すると、忙しい彼も、解決策を一緒に考えてくれます。

「じゃあ、効率的に片づける方法を一緒に考えよう」と言ってくれたり、「これは俺がやるから、こっちはやってね」と分担を考えてくれたり。

男性は問題解決が得意なので、その部分を彼に頼れば、きっと喜んで、最善策を考えてくれるでしょう。

すると、彼の活躍のステージが増えて、また勇者のレベルがアップします。

長く続く恋は、二人参加型です。

問題があったら一人で抱え込まずに、二人の問題にする。そして、一緒に解決していきましょう。

これは結婚してからでも遅くはありません。

「もう結婚生活が長くて、なんでも私がやるのが当たり前になっています。今からでも大丈夫でしょうか？」というご相談もいただきますが、私はいつからだって、新しい関係は作れると思います。


だって、世界の主人公はあなただから。主人公が変われば、相手も変わります。

いつだって、自然体のあなたでいればいいのです。

あなたが夢中で楽しんでいる姿に、彼は釘付け

意外に思われるかもしれませんが、男性って実は、裏方に回って女性を支えるのが

好きだったりします。

長い歴史の中で男性は女性を養ってきたため「二人の生活のために働かなければいけない」という意識が強いですよね。

その分、自分の夢を追いかけるのがすごく難しい生き物なのです。

だから、代わりに自分のパートナーが夢を追いかけて、新しいステージを見せてくれると、それを一緒に喜び、楽しんでくれます。

男性は、パートナーが何かに夢中になればなるほど、その夢を叶える手伝いがしたいと思う生き物でもあるのです。

くま男くんも、私のセミナーの準備を手伝いたがります。

パソコンが苦手な私の代わりにアンケートや資料を作ってくれます。そして、ちゃっかり「アンケート作成者・くま男」なんて書いています。

参加者のみなさんは優しいので、「くま男くん、ありがとう」と書いてくれるのですが、それを見てものすごく喜んでいます。

これは、くま男くんに限ったことではありません。

私の周りにも、奥さんが自分とまったく違う業界で頑張っているのを、喜んで応援している旦那さんがいます。

家事をやってくれなくても、活躍している姿を見ると「俺が支えているからここまでになれたんだ」と思えてうれしい。だから、家事も率先してやってくれるそうです。

そう、あなたがやりたいことをやって楽しんでいる姿に、彼は釘付けになっちゃうのです。

「彼氏がいたら、やりたいことを制限しなきゃいけないんじゃないか」

「子どもを産んだら、大好きな仕事を辞めなきゃいけないんじゃないか」

こんな気持ちから、本当はやりたいことなのに一歩を踏み出せない人もいると思います。

でもその考えは間違っています。

確かに、物理的には時間を取られるかもしれないけれど、彼氏や子どもはあなたを縛り付けるものではなく、一人でいてはわからない新しい楽しみをくれる存在です。

不安がある人は、「彼や子どもに、私が面白い景色を見せてあげる」くらいに考えてみてください。

そして、あなたが夢中になって、楽しそうにやっている姿を見せてあげましょう。

すると、彼らはあなたの人生のサポーターになってくれます。

あなたが楽しそうにしていたら、勝手に向こうが応援してくれるようになるのです。

だから、「私の人生を手伝って」というスタンスでいれば大丈夫。

やりたいことをやって、それをパートナーに応援してもらう。

そうすれば、あなたも彼も、2倍の人生を楽しめてしまうのです♡

男は連れている女の価値が高いほど、自分がいい男になれる

男性は、一緒にいる女性の価値を気にします。

一種のブランド意識のようなもので、男友だちから「あの子と付き合ってるなんて、うらやましい」「お前の奥さん、すごいよな」なんて言われて、「いいだろー」と自慢したいのです。

なぜなら、**「こんなにいい女と一緒にいられる俺は、いい男」だと自信が持てるから。**

だから、あなたも彼が自慢できるような女性になっちゃいましょう。

何も、最初から彼が自慢できるポイントを持ってなきゃいけないということではありません。

顔がかわいくないから、収入が高くないから、とあきらめないでくださいね。

では、どうすればいいのか？

ここまで書いてきたように、あなたがパワースポットとして生きていれば、おのずと彼が自慢できる女性になれます。

あなたがやりたいことをやって輝いていれば、それだけであなたの価値は高まります。そして、その価値が高ければ高いほど、彼は幸せを感じるのです。

彼女には尽くさないタイプの男性が、新しい彼女ができた途端、尽くすタイプに変わることがあります。

「私には雑な扱いをしていたのに、今の彼女は大切にされていて悔しい」なんて思った経験がある人もいるかもしれません。

彼が変わったのは、それだけ新しい彼女が強いパワースポットだったから。

パワースポットには、男性のタイプすら変えてしまう強い力があるのです。自分のあり方って、ものすごく大事なんですよね。

だから、付き合ってからも、結婚してからも、いつだってあなたがあなたのままでいることを大切にしてくださいね。

やりたいことをやって、自信に満ちた笑顔を浮かべていれば、それだけであなたは輝くパワースポットになれます。

と、ここまでのお話が大前提ではあるのですが、実はもっと簡単に、彼の中であなたの価値を高める方法があります。この魔法の言葉を口にするだけです。

「あなた、私といられてラッキーだね♪」

この言葉は、彼の脳内で「あなた、マジでいい男です」に変換されます。
「そんなにいい女を落とせた俺、すごい」「こんなに幸せな女の隣にいられる俺、最高」と思えるのです。

彼に溺愛されている女性たちはみんな、この呪文が得意。

「私と一緒にいて楽しいでしょ」「本当に私と結婚できてよかったよね〜」「よく私を落とせたよね。もうこんなチャンスないよ」「私といられるなんて、幸せだねー」。

事あるごとに、こんなことを言っているのです。彼がたいして反応してくれなくても気にしません。

「そんなこと言えない……」と思うかもしれませんが、騙されたと思って彼に言ってみてください。

すると、「ことだまの力」が働いて、「「俺の彼女は最高の女性だ！」と彼の脳みそも騙されてくれるのです♡

人生は一度きり！エネルギーと時間は好きなものだけに注ごう

ここまで「あなたにぴったりの彼と出会って、恋をして幸せになる方法」をお伝えしてきました。ここまで読んでくださったあなたは、きっと幸せになれるイメージができていると思います。

そこで、最後にもう一度、一番大切なことをお伝えします。

【1日目】でも書いた通り、あなたがこの世で生きられる時間は有限です。

だから、あなたの時間とエネルギーは、好きなものだけに注ぎましょう。

恋をしたいならすればいい。
仕事を頑張りたいなら、そうすればいい。

一番よくないのは、幸せになりたいと思っているのに、そこに向かって歩かないことです。

せっかくこの世に生まれたのに、幸せに生きる道を進まないなんて、レンタカーを借りたのに、「事故が怖い、道に迷うかもしれない」と恐れて車に乗ることすらしないのと同じです。

「私なんか幸せになれない」
「恋なんてできない」
「私なんかがあの人を好きになっちゃダメだ」
「愛されるわけがない」

もしそう思っているとしたら、幸せになることにストッパーをかけているのは、他でもないあなた自身ということです。

こんな風に思うのは、今日で卒業しましょう。

そして、「こうなりたい」というあなたの気持ちを汲んであげて、その通りに動いてみましょう。


会いたい人に会いに行く。

食べたいものを食べる。

行きたいところに行く。

やりたい仕事をやる。


恋愛に限らず、全部シンプルに「やりたいことだからやる！」

このことを何よりも大切にしてくださいね。

だって、自分の想いを叶える以上に
大事なことなんてないのだから。

そうしてあなたの
「やりたい」に素直に従って生きていると、
いつの間にか、恋も仕事も、
すべてがうまくいってしまうのです♡

おわりに

この本を手に取ってくださり、そして最後まで読んでくださり、ありがとうございました。

本書では、【7日間】で「自分にぴったりの人に出会って恋して抱きしめられる」方法をご紹介してきましたが、いかがでしたか？

恋愛のノウハウよりも、あなたがありのままでいて、やりたいことだけをやればいい、ということを繰り返しお伝えしてきました。

本当に、その通りなのです。あなたがどんなときも、自分を大事に生きていれば、勝手に「あなたを幸せにしてくれる男性がそばにいる」状態になるのです。

誰かに合わせたり媚びたりするのではなく、あなたが心地よく生きることを大前提にする。そうしてパワースポットとして生きていると、周りにはあなたのことが大好きな人だけが残ります。

あなたにぴったりの彼はもちろん、友だちも、職場の同僚も、みんなあなたを溺愛してくれる人たちで溢れるようになるのです。

そして、その人たちがすごく幸せそうな顔をして、あなたの隣にいてくれるのです。


最後に、私がこう思えるようになったきっかけを作ってくれた、友人のエピソードをご紹介します。


彼女は女性だけれども、恋愛対象が女性でした。

ずっとそのことに悩んでいて、女性が好きだということは隠していました。

でも、あるとき、ブログでレズビアンであることを公表したのです。

すると、「気持ち悪い」というコメントが寄せられたり、周りの人が離れていったりということが起きました。一定の人には嫌われてしまったのです。

でも、「私は理解できるよ」という人たちもいました。たくさんの知り合いを失った代わりに、本当に彼女のことを好きでいてくれる味方だけが残ったのです。

しかも、なんとそのブログを見た女性から、告白までされました。

若くてかわいい、とっても素敵な彼女ができたのです。

彼女は今、本当に好きな人たちだけに囲まれて、とても幸せな毎日を送っています。

彼女が幸せになれたのは、ありのままの自分でいることを大切にして、それを恐れずにさらけ出したから。

彼女がどんどん変わっていく様子を横で見ていて、私も「自分がやりたいことをやってみよう」と思うようになりました。


それまでは当たり障りのない日記のようなブログを書いていたのですが、「恋愛のことを書いてみようかな」と今のようなブログを書き始めたのです。

「料理ができない」「ぐうたら」など、隠していたコンプレックスも、勇気を出して世界に向けてさらしました。

すると、どうでしょう。

くま男くんはますます私にぴったりな彼氏になり、私の恋愛論に共感してくださる大勢の読者さんたちと出会うことができました。

さらにはブログが100万アクセスを超え、こうして自分の本を出版することにまでなってしまったのです。

もちろん、途中で批判されることもありました。

「何様なの？」というコメントが来たり、ＬＩＮＥに「相談に早く答えろ。ふざけるな」というクレームが届いたりすることもありました。

正直、つらくてブログを辞めようかと思ったこともあります。

でも、そうした言葉に傷ついたということも隠さずにブログに書いたら、批判をはるかに上回る応援コメントが寄せられたのです。

読者さんたちが離れてしまうかもしれないと怖かったけれど、やっぱり自分の気持ちを大切にしてよかった。「どんなときも、ありのままの私を見せて生きていこう」と改めて思えました。

私のことを好きでいてくれる人だけが周りに残った今、「私は本当に幸せだなぁ」と心から思っています。

くま男くんという私にぴったりの彼氏がそばにいてくれて、夢だった書籍化も実現できて。本当に、今までの人生で今が一番幸せです。

どんなときも私の一番の味方でいてくれるくま男くん、いつも応援してくれる読者のみなさん、書籍化にあたり、サポートしてくださったみなさんに、心から感謝しています。

そして、本文中にも書きましたが、幸せは聖火リレーです。

私が友人から受け取った幸せの聖火を、次はみなさんに届けたい。

そんな気持ちでこの本を書かせていただきました。

次は、あなたが聖火を受け取る番です。幸せを受け取る準備はいいですか？

この本を読んで、日本中の女性が幸せになれることを願って♡

かんころ

カバーデザイン　小口翔平＋喜來詩織（tobufune）
本文デザイン　高橋明香
DTP　センターメディア
ライター　渡辺絵里奈
編集協力　小川由希子
カバー写真　DigitalVision/Getty Images

かんころ

恋愛カウンセラー・セミナー講師・

Ameba公式トップブロガー。

月間100万アクセス超の人気ブログ「1週間で自分にぴったりの人に出会って恋して抱きしめられる」主宰。

独自の恋愛理論「世界にモテる女になるメソッド」を考案し、ブログやLINE＠、DMMオンラインサロン「恋する寺子屋」、全国開催のセミナー等で発信。これまで1万人以上の恋愛に悩める女性を救ってきた。

「ピッタリな彼氏ができた！」「頑張るのをやめたら、彼氏と仲良くなった！」との声が相次ぎ、セミナーは先行予約開始1時間で満席となるなど、30代の女性を中心に圧倒的な支持を集める。

ブログ　https://ameblo.jp/kankorokankorokankoro/
オンラインサロン　https://lounge.dmm.com/detail/1130/
LINEスタンプ　https://line.me/S/sticker/4224197

1週間《しゅうかん》で自分《じぶん》にぴったりの人《ひと》に出会《であ》って恋《こい》して抱《だ》きしめられる

2018年9月1日　初刷発行

著者　かんころ
発行者　川金正法
発行　株式会社 KADOKAWA
〒102-8177　東京都千代田区富士見 2-13-3
電話　0570-002-301（ナビダイヤル）
印刷所　大日本印刷株式会社

KADOKAWA カスタマーサポート
〈電話〉0570-002-301（土日祝日を除く11時～17時）
〈WEB〉https://www.kadokawa.co.jp/（「お問い合わせ」へお進みください）
※製造不良品につきましては上記窓口にて承ります。
※記述・収録内容を超えるご質問にはお答えできない場合があります。
※サポートは日本国内に限らせていただきます。

定価はカバーに表示してあります。

ISBN 978-4-04-602473-2　C0076